U0710268

生命清供

朱良志 著

国画背后的世界

中华书局

图书在版编目（CIP）数据

生命清供：国画背后的世界／朱良志著. —北京：中华书局，
2020.8
ISBN 978-7-101-13484-1

Ⅰ.生… Ⅱ.朱… Ⅲ.中国画-画家-人物研究-中国
Ⅳ.K825.72

中国版本图书馆 CIP 数据核字（2018）第 241990 号

书　　名	生命清供：国画背后的世界	
著　　者	朱良志	
责任编辑	马　燕	
出版发行	中华书局	
	（北京市丰台区太平桥西里 38 号　100073）	
	http://www.zhbc.com.cn	
	E-mail:zhbc@zhbc.com.cn	
印　　刷	北京市白帆印务有限公司	
版　　次	2020 年 8 月北京第 1 版	
	2020 年 8 月北京第 1 次印刷	
规　　格	开本/920×1250 毫米　1/32	
	印张 8¼　字数 120 千字	
印　　数	1-8000 册	
国际书号	ISBN 978-7-101-13484-1	
定　　价	58.00 元	

目　次

引　子

石涛说："呕血十斗，不如啮雪一团。"①这话可以说是这位独创派大师一生绘画实践的总结。呕血十斗，是技巧上的追求；啮雪一团，是精神上的超升。呕心沥血，殚精竭虑，反复琢磨，以期达到技巧的完足。技巧当然是作画的基础，但一个有创造的画家不能仅停留在技巧的追求上，而应超越技巧，由技而进于道。因为中国画强调的是"心印"，绘画的空间形态是心灵的显现。绘画不光靠"学"，还要靠"养"。绘画成功的关键因素不是知识，而是智慧，是独特的精神境界。所以，养得一片宽快悦适的心灵，就像石涛所说的吞下一团洁白的雪，以冰雪的心灵——毫无尘染的高旷澄明之心——去作画，才能自创佳构。

一片山水就是一片心灵的境界，一朵水仙也映照出画家的魂灵。中国画发展到中唐以后，越来越强调，形式本身只是一个引子，一个导入到它内在丰富意味世界的引子。宋元以来文人画家论山水画，多不是把它当作外在的观赏风景，正像清初画家恽南田所说的，倪云林萧疏小笔，一木一石有千岩万壑之妙，而"以一木一石求云林，几矢云林矣"。而花鸟画家也多强调其作品与花卉、家禽、野鸟之类的外在风物无关，如果研究八大山人，仅停留在他画的是鹌鹑还是鹧鸪这样的分辨上，永远不可能了解八大山人。在一定程度上真可以说，宋元以来的中国绘画的意象世界是花非花，鸟非鸟，山非山，水非水。其追求在形式之外，如九方皋

① 题《秋冈远望图》，其中云："公孙之剑器，可通于草书；大地之河山，不出于意想。枯颖尺楮，能发其奇趣者，只此久不烟火之虚灵耳！必曰：如何是笔，如何是墨？与其呕血十斗，不如啮雪一团。"录自郑为编《石涛画集》38页《秋冈远望图》（上海人民美术出版社1990年），又见《艺苑掇英》之《清初四画僧精品集》（上）。

相马，在"骊黄牝牡之外"。

　　缘此，这本有关中国传统绘画的小书，不是对中国画的专门性研究著作，也不是有关传统绘画的鉴赏，而是想透过中国画的外在形式，走到绘画的背后，去揣摩那里所深藏的画家心灵的隐微，那些曾经感动过画家的幽深生命体验，发现中国画家的内在人文关怀。

南宋　夏圭　松溪泛月图　24.7×25.2厘米　北京故宫博物院藏

一　秋江待渡

"渡"到彼岸，是人永恒的愿望。人的生命的脆弱和短暂，人生的争斗，人因生活所带来的烦恼，等等，总是在缠绕着人。人需要到彼岸，一个理想的地方，一个能安顿生命的场所，哪怕是短暂的、虚幻的。人是在对彼岸世界的期望中活着。没有人不是"待渡人"，期望被"渡"，等待机缘来"渡"。

元代画家钱选有《秋江待渡图》，今藏北京故宫博物院。画面中间部分是辽阔的江面，空阔邈远，远处乃是绵延不绝的群山。近处，红树一簇，树下有几人引颈眺望，而江面上隐隐约约有一叶小舟，那就是待渡者的希望。江面空阔，小舟缓缓，似渺然难见，它和人急迫的等待之间构成强大的情绪张力。正是：眼前渺渺秋江阔，隔岸扁舟发棹迟。钱选于上题诗道：

> 山色空濛翠欲流，长江清彻一天秋。
> 茅茨落日寒烟外，久立行人待渡舟。

钱选（约1239—1301），字舜举，号玉潭，霅川（今浙江湖州）人，故又自称"霅溪翁"。少有高才，为南宋进士（时在1262年），和赵孟𫖯同列著名的"吴兴八俊"。他曾是赵孟𫖯的老师，入元后，朝廷征召前朝遗逸，赵孟𫖯被招进京，成赫赫功名，而钱选则龃龉不合，决然隐居山林。董其昌《画禅室随笔》记载："赵文敏问道于钱舜举：'何以称士气？'钱曰：'隶体耳。'"这个龃龉不合、磊落有风骨的"隶体"，所谈不是书法，而是不愿被塑造、不甘为从属的"士气"（或称"士夫气"，即今人所说文人意识）。钱选是一位有强烈文人意趣的画家。

那是一个被扭曲的时代，元代统治者将当时的人分为四等，一等人是蒙古人，二等人是色目人，三等人是北方汉人，四等是南方汉人。钱选就是这样的四等人。对前朝的眷恋，不正当的文化歧视，肮脏的社会现实，使得有很高修养的钱选痛苦而压抑。但在这时，山林陪伴着他，易老庄禅陪伴着他，艺术陪伴着他。所谓"不管六朝兴废事，一樽且向画图开"，他的画中渗透了灵魂拯救的意味。

这幅《秋江待渡图》，就是他隐逸中的作品。待渡，在中国山水画中是常见的题材。凭舟而渡，是古代人主要的交通方式之一，尤其是在南方的水乡泽国。落花寂寂啼山鸟，杨柳青青渡水人，是画家喜欢画的内容。在钱选之前，就有很多人画过待渡的场景。王维有《雪景待渡图》，董源有《雪浦待渡图》、《夏景山口待渡图》、《潇湘图》，关仝有《山溪待渡图》，李成有《密雪待渡图》，许道宁有《秋江唤渡图》、《秋山晚渡图》，等等。在钱选的同时代，盛懋也有《秋江待渡图》，此图今藏北京故宫博物院，是元代山水画的杰作之一。但钱选画来却有自己的理解，他虽然画的是现实世界的渡，其实昭示的却是精神上的渡，与盛懋的《秋江待渡图》有明显区别。盛懋画的是秋风萧瑟下，陂岸上高树当风而立，树下两人席地而坐，等待渡河，笔致老辣，风味清幽，它与传统山水画追求的意境是一致的，在于静谧、空灵、悠远。而钱选的这幅作品除此之外，还寄寓更深的生命体验。画家极力构造一种空灵迥绝的世界，表现人们精神上的"待渡"——画家以为，在这喧嚣的尘世，有谁不是等

元 钱选 秋江待渡图 26.8×108.4厘米 北京故宫博物院藏

待渡河的人呢！

　　近景处画红树一簇，尤为耀眼，它从整个画面中突出出来，虽不在画面的中心，却是这幅画最重要的"点醒处"。从表面上看，我们可以说，这并非是红树，而是如血的晚霞所映照的。而当我们联系到红树下独立的人，联系到这人在红树下"久立"，他盼着离开这红树，离开这个狭窄的空间；同时，再考虑到一江相隔的此岸和彼岸，我们就知道，画家在这里显然别有寓意。他是以红树象征莽莽红尘，将等待象征着性灵的腾迁，将待渡的过程象征着人的精神期盼。行人目断东南山，这方位也有讲究，有道是东南自是神仙窟，岂可一点尘埃飞，那是仙灵的世界。

　　渡，就是度。在外者为渡，渡河的渡，在内者为精神的度，度到一个理想的世界中。在佛教中，"度"之一字，非常重要。佛教有六波罗蜜之说，一布施，二持戒，三忍辱，四精进，五禅定，六智慧，也就是六度。度，就是到彼岸。佛教中说摩诃般若波罗蜜，南宗禅的经典《坛经》通篇就是讲人怎样达到摩诃般若波罗蜜，摩诃是大，般若是智慧，波罗蜜

元　盛懋　秋江待渡图　112.5×46.3厘米　北京故宫博物院藏

是度到彼岸，它的意思就是以大智慧度到彼岸。在佛门，入佛的弟子要发四大弘愿，即众生无边誓愿度，烦恼无尽誓愿断，法门无量誓愿学，佛道无上誓愿成。第一就是度，不仅要度自己，更重要的是度众生。据说南宗禅的六祖惠能接受弘忍的衣钵，弘忍让他快快离开东山，于是一直送他到九江，在九江渡口，二人上船，惠能说："我来渡（划船）。"弘忍说："还是我来渡你吧。"意含师父度他到彼岸。

其实，不光是度别人，也是度自己。度的愿望，赋予生命以意义，以力量。每个人其实都是需要"度"的，灵苇一片，渡出苦海。"谁谓河广，一苇杭之"——谁说大河宽又宽，一根芦苇就可以带着思念的人回到故乡。《诗经》中的描绘注满了理想的企盼。禅宗"灯录"中说，菩提达摩大师在一个漆黑的夜晚，从金陵北渡去少林，就是驾着一片苇叶渡过浩浩长江的。一片苇叶又怎能托起这高僧？这是多么浪漫的联想，它说明人的理想的力量。

"度"到彼岸，是人永恒的愿望，当然这彼岸不一定是佛教的天国。生命的脆弱和短暂，人生的争斗，因生活所带来的烦恼，等等，总是在缠绕着人。人需要到彼岸，一个理想的地方，一个能安顿生命的场所，哪怕是短暂的、虚幻的，这样的期望其实是人人皆有的。人是在对彼岸世界的期望中活着。人的期望是提升性灵的重要动力源泉。政治家有自己的理想国，商人有自己的理想市场，庄稼人有自己秋后的期待，而作为一个人（不论他是什么样的人），原都有理想，有向往，有等待，生命就是一种等待，理想就是一种性灵的约会。生命短暂，希望长久；人生灰暗，希望光明朗照的理想天国；人世间充满了太多的不顺心，不满意，希望渺不可及的宗教境界；人生如此喧嚣，希望那宁静的空间……没有人不是"待渡人"，期望被"渡"，等待机缘来"渡"。

钱选这幅画画的就是这种性灵的约会。

画家将这样的精神期许放到夕阳下的空阔江面来处理，诗意的气息氤氲其中。久立的待渡人，缓缓地来渡舟，悠远空阔的江面，将人们的期许放大，拉长。而最要命的是那彼岸世界的山林宅宇，被这位青绿高手染织得那样缥缈，那样宁静，在夕阳余晖的笼罩下，灵光绰绰，是那样的神奇而不可蠡测。那里有无限的可能性，那是一个渺不可及的世界，虽不能至，心向往之。他所传达的精神与《诗经》中的"蒹葭苍苍，白露为霜。所谓伊人，在水一方"的期待如出一辙。

此画突出了"客心"，所谓客心茫茫愁欲断。待渡人，是因有欲归处，此处不是栖息地，但有灵囿待此人。寄尘于世，何人不是"寄儿"，都是这浩渺宇宙的匆匆过客。这画中就包涵着客中思家的浓浓思念。

赵孟頫敬重其师的为人，尝有诗赠钱选，其中有"鲁国万钧王月重，汉天一点客星孤"之句[1]。浩渺夜空中的一颗星，虽然清光熠熠，但是是一颗"客"星，一颗在无际河汉中孤独的星，一颗失落了家园，却永远在企盼故园的星。钱选的藏于台北故宫博物院的《烟江待渡图》，多了一个孤独的等待者，这幅画与北京故宫博物院的《秋江待渡图》格调相近，可谓钱选"待渡"主题的"姊妹篇"，就是画客居中的眺望和等待。

后钱选有题云："山横一带接秋江，茅屋数间更漏长。渡口有舟呼未至，行人伫立到斜阳。"图中描绘的茅屋数间，在一片萧疏林木之中，衡门之下，一片阒寂，夜色渐近，斜阳将要收起最后的余晖。这空空落落，却平和静穆地等待他的晚归人。但人在何处，还在江的对岸，那个孤独的人，还在树下徘徊，渡船呼而未至，那人就在这等待。画中突出这漫长的等待，从正午到黄昏，从喧闹到阒寂，一抹夕阳的余晖抚摩，似是一种安慰。

钱选的"待渡"之作，突出这"客心"，突出客中思家的忧虑，突出苍天浩渺中的孤独，突出只有等待才能将息人生的执着。

人在路上，独客苍茫螺江上，身作孤云随风扬。这是就欲渡人而言。而就渡人者来说，袅袅秋风吹白波，江上犹有未归客。一客未渡，而舟不能停。舟不止，则欲渡者的希望才不会绝灭，即使是在萧瑟秋风下，即使是苍苍落日时，即使是水漫漫，路长长，只要有那欲渡者，摆渡的人又怎能停下手中的棹？有道是，浩然赋归去，利济吾当任。"利济"，才是一个真正有品位的人的情怀。品位和格调，并非是现代文明中流行的装腔作势。

宋怀题钱选《烟江待渡图》，有诗云："万顷烟波一叶舟，青山茅屋思悠悠。济川有志来何晚，渡口西风落日秋。""济川有志"，钱选此时虽为落魄人，但心中的利济之志何曾消歇，他画待渡人，以等待渡去的急切，来突出心中欲度苍生而无奈的落寞，就在这秋江上，就在这萧瑟时。

钱选当然不是被动的"待者"，其实他要通过这样的作品，结成性灵的"虚舟"，为自己，也为他人。正像倪云林赠友人诗中所说："举世何人到彼岸，独君知我是虚舟。"钱选乃至宋元以来很多文人画家，都有这样独特的"虚舟意识"，"虚舟纵逸棹，回复遂无穷"（陶潜诗），渡己又渡人，觉己又觉他。绘画一道，乃渡人之具。像赵孟頫《洞庭东山图》的题诗中所说："木兰为舟兮桂为楫，渺余怀兮风一叶。"带着木兰香芬的扁舟一叶，就是"待者"的超越之凭。

钱选"待渡"系列作品中，还有一个侧面，是对彼岸世界的着力描摹，呈现理想世界的神妙，表现"秋水伊人"的楚

洞庭波兮山逾寮以可濟
兮不可以涉木蘭為為舟兮
桂為檝泚余懐芳容佇一
葉
子昂

三湘七澤杳難分悅
見激風芳美你誰識
主然多意猪月明淺
冷兮湘君

元　赵孟頫　洞庭东山图　61.9×27.6厘米　上海博物馆藏

楚。从而，为"待渡"主题涂上更浓厚的烂漫色彩，一如佛经《维摩诘经》所描绘的那个"众香界"。

北京故宫博物院有一幅《山居图》，是钱选传世代表作品之一。这幅画构图空灵，笔意迟迟，惜墨如金，色彩温丽，林木村舍画法富装饰意味，画卷结末古松如冠，令人印象深刻。其优雅古朴的风调，成为后采吴门画人追摩不已的对象。

在《秋江待渡图》中，那个彼岸世界在江的对岸，画面的中段是空阔的。而在《山居图》中，中部群山突起，四面环水，突显出中部山峦的高耸。中部山峦以重笔勾出，在山脚下，有绿树掩映，绿树中，但见一处庭院，清幽非常，这就是画家所谓"山居"了。环绕中部山峦的水体平如明镜，淡尽风烟，中有舟楫来往，左侧平堤处有小桥，桥曲而细，那里是通向尘世的路。而在这幅长卷的绵长背景中，有一痕山影。将中部这山居之处连向广袤的世界，带向神秘的处所。这样的构图方式，使人联想到颐和园。颐和园中部的南湖岛，三面环水，有一桥与陆地相连，象征道教中的蓬莱瀛洲方丈三山。这幅画在构图和笔墨上受北宋王诜影响较大。其实，在钱选的构图中，就是将这山居之所，出落为灵魂栖息之所，这是他心目中的彼岸世界。他所谓"一日兴来何可遏，开窗写出碧岩岩"，写出一片性灵栖息的世界。

卷末钱选以凝重而幽古的笔法书有一诗：

山居惟爱静，日午掩柴门。寡合人多忌，无求道自尊。
鹦鹏俱有志，兰艾不同根。安得蒙庄叟，相逢与细论。

这首诗以道家的思想说隐居的趣味。他所创造的是一个静谧的空间，在这里，主人已释去尘世的目的求取，唯护

山居惟愛靜 日午掩柴門 寂合人
多忌無求 道自尊 鸂鵬俱有志 蘭
艾不同根 安得蒙莊叟 相逢共細論
吳興錢選舜舉畫并題

元　錢選　山居圖　26.5×111.6厘米　北京故宮博物院藏

元　錢選　浮玉山居圖　29.6×98.7厘米　上海博物館藏

未聞架由羅山
陰莱由陰愛室名
山石郵之圍千古
汁發楊孝堂終
日閒高賢犀結
忘年友舊句處

右題余自畫山
居晶吳興鐵送
崇婆

嘉木浩芳橋日月無
絲柏鏡谷送慶登憑
椎賴寒啄與等憚
王醒慶影二改緧拍
烏美旦言

持一畦精神的领地。斥鹦的猥琐和大鹏的放旷，相距何啻千里！芳兰和臭艾，气味究竟不同！画家沉浸在庄子的超越世界中，表现出灵魂的诉求。有的人喜欢蝇营狗苟，有的人喜欢性灵高蹈。画家给自己的信心以嘉赏。

上海博物馆所藏的《浮玉山居图》是钱选另一幅著名作品，这幅作品曾在上海"晋唐宋元书画国宝展"中展出。此卷绿浅墨深，笔法细润，画的是他家乡霅川浮玉山景。它哪里是尘世中所见的山水，分明是灵岛瑶屿，是神仙所居住的场所。与北京故宫博物院所藏《山居图》相比，这幅作品更加静穆高古，画家着意创造一个不落凡尘的世界。笔调幽微，用意苍茫。元代著名书画家、诗人张雨（句曲外史）有诗题道："展卷才尺许，坐对两无言。"这个静穆的世界具有打动人心的力量。这幅画是山水画中的抽象画，或许画家正是为了突出理想净界和尘世的距离，这是画家意念中的山水。家乡的山山水水，在他的理想世界中得到了重塑。山石用细而有力的墨线勾出，再以淡墨轻轻渲染，显示出立体感，块面的突出是这幅画在技法上的特色。近处看，有玲珑剔透的感觉，仿佛是一琉璃世界。山间的丛树以花青敷出，在茂密的丛林中，掩映着一处庭院。山势逶迤，高低参差，或碎或整，从外在看，山与山之间是断的，这在中国山水画中是很少见的。从远处看，这哪里是一个缺断的世界，而是在灵气中浮沉，玲珑剔透的山体，如玉一样的山体，在神秘的气中浮沉，白云缭绕，岚气氤氲，峰峦徘徊，清泉环绕。这正是钱选要着力表现的"浮玉"的用意之所在。

其上钱选有跋道："瞻彼南山岑，白云何翩翩。下有幽栖人，啸歌乐徂年。丛石映清泚，嘉木淡芳妍。日月无终极，陵谷从变迁。神襟轶寥廓，兴寄挥五弦。尘影一以绝，招隐奚足言。右题余自画山居图，吴兴钱选舜举。"诗画相映，卓有魅力。山自白云人自闲，画家要外绝"尘影"，内挥五弦。
钱选是个音乐家，他的音乐之名为画所掩。南朝宋山水画
家宗炳说："抚琴动操，欲令众山皆响。"此画庶几存之。
山在虚无缥缈间，人的心灵也玲珑如玉一样浮沉。在这静
穆的世界中，阅世千年如一日，在这静穆的世界中，灵光绰
绰自在天。

　　钱选还有一幅《幽居图》，今藏北京故宫博物院。此图
上部缺损，孙承泽《庚子销夏记》中著录"钱舜举山居图"，
说此图"苍松老屋，云白树红，二人静对扁舟"。故此图不当
作"幽居图"，应作"山居图"，而上举故宫的另外一幅钱选
《山居图》与此同名，故权以"幽居图"名之以别。这幅大青
绿山水是钱选生平杰作。右侧起手处画山峰耸立，从山石后
驶出一叶小舟，舟上两人静坐，一个舟子，舟向中间的江面
划去。向左为空阔的江面，中间略偏右为山居之所在，绿树
葱茏，仙山楼阁。再向左山势委蛇，江面上有一归舟。此画的

元　钱选　幽居图（局部）　27×119.9厘米　北京故宫博物院藏

构图与《山居图》相似，都是以中段的山体为主，海天空阔，白云缭绕，夕阳的余晖将江面周围的一切映照得斑斓夺目。此图也有浓厚的装饰意味，是画家用心构造的意念世界。

或许在那乱世中，钱选太关心自己的性灵之"居"了，他为自己的心寻找安顿的场所，一片山水就是一片心灵的境界，就是一个逍遥天。北宋画家郭熙说山水有可行可望，又有可居可游，然而可行可望不如可居可游，可行可望是外在的，是人观照中的山水，而可居可游则将人置于其中，化入这一世界，与这世界相浮沉，这世界就是自己的"意中家"，疲劳的鸟儿要在这静穆的枝上栖息。钱选的《秋江待渡图》，是客中思居的呼唤，他的《山居图》、《幽居图》是为理想置一个世界，而《浮玉山居图》，是要在这生命的居所中浮空蹑影，纵怀高蹈，如月光荡涤下的通透。环绕钱选寻找生命幽居的艺术历程，我们更加明晰地看出中国画作为性灵扁舟的事实。

二　生命清供

陈洪绶似乎只对永恒感兴趣，他的目光正像他画中的人一样，手持酒杯，望着远方，穿过纷纷扰扰的尘世，穿过迷离的岁月，穿过冬去春来、花开花落的时光隧道，来到一片静寂的世界。在这里，青山不老，绿水长流，芭蕉叶大栀子肥，这里的一切似乎都静止了。沧海莽莽，南山峨峨，水流了吗，又未曾流，月落了吗，又未曾落。

清代诗人龚自珍说，作诗应兼得于亦剑亦箫之美，他说自己"一箫一剑平生意，负尽狂名十五年"[1]。剑在放旷高蹈，沉着痛快，有唐诗僧贯休"满堂花醉三千客，一剑霜寒十四州"[2]诗中的气势。箫在哀婉幽咽，柔情似水，如石涛诗云"玉箫欲歇湘江冷，素子离离月下逢"[3]，有一种凄绝的美。亦箫亦剑，化慷慨为柔情，转凄婉为高旷。此情此境，易水之滨送别荆轲，在白露萧萧之时，作生离之死别，高渐离击筑声起，荆轲舞剑哀歌"风萧萧兮易水寒"，其中意味有以当之；项羽兵败垓下，四面楚歌，在月黑风高的晚上，中军帐内，项羽诀别虞姬，"虞兮虞兮奈若何"的哀歌在冷月下回响，其中意味有以当之。

若说到画，明末清初画家陈洪绶最得亦剑亦箫之妙，他的画可以说是笔底项羽，画外荆轲，幽冷中有剑气，放旷中有箫心。陈洪绶（1598—1652），字章侯，号老莲，晚年又号悔迟等，浙江诸暨人。画中多狂士，陈洪绶就是一个狂者，他少负才情，不到二十岁，画名就享誉大江南北。他一生沉于酒，溺于色，游弋于诗，更着意于画。他一双醉眼看青山，其人其画都以一个怪字著称于世。明亡后，他越发癫狂，时而吞声哭泣，时而纵酒狂呼，时而在山林中奔跑。他的画更加怪诞，更加夸张，也更加幽微。

他生当明清易代之际，早年为著名学者刘宗周入室弟子，生平与祁彪佳、祝渊、黄道周、倪元璐等耿耿有骨气的士人相交。明亡后，他虽没有像祁彪佳、倪元璐一样，以一死全身报国，却选择了落发为僧的道路。但寂寞的丛林生活何尝能安顿他的狷介和狂放，何尝能平灭他心中的痛苦和愁闷。他将一腔愁怨、满腹癫狂，都付与画中诗里。他的艺术中满溢着这样的愤懑不平之气和狷介放旷之怀，似乎有一种说不完的心事在其中摇荡，似乎有无穷的力量在其中奔突。

[1]《漫感》，龚自珍《定庵文集》古今体诗卷下。

[2]据《唐诗纪事》卷七十五，原诗云："贵逼身来不自由，几年勤苦蹈林丘。满堂花醉三千客，一剑霜寒十四州。莱子衣裳宫锦窄，谢公篇咏绮霞羞。他年名上凌烟阁，岂羡当时万户侯。"

[3]诗见汪绎辰《大涤子题画诗跋》所引。

《痛饮读骚图》，绢本设色，现藏于上海博物馆，作于1643年孟秋，在明代灭亡的前夕，那段风雨飘摇的时光。时陈洪绶在北京，入国子监，亲眼目睹时世之黑暗。黄道周（1583-1646）在御前平台直陈当时奸佞之臣当道，崇祯大怒，后将其下刑部大狱，而满朝文武不敢言，只有远在漳浦的国子生涂仲吉一人为此申冤。这件事对陈洪绶触动太大，他给友人的信中谈到此事，为自己的碌碌无为痛苦不堪，于是愤然离开京城。此图即作于舟泊于天津杨柳青之时。上有款题："老莲洪绶写于杨柳青舟中，时癸未孟秋。"

此图画一人于案前读《离骚》，满目愤怒，而无可奈何。石案两足以湖石支立，案上右有盆花，青铜古物中插梅、竹两枝。主人一袭红衣，坐于案前，右手擎杯，似乎要将酒杯捏碎，杯为满布冰裂纹的瓷中名器。左手扶案，手有狠狠向下压的态势，面对打开的书卷，分明是强忍着内心的痛苦。两目横视，须髯尽竖，大有辛弃疾"把吴钩看了，栏杆拍遍，无人会，登临意"①的气势。红衣与画面中的古物形成强烈反差，似乎要将画面搅动起来。在此压抑的气氛中，融入烂漫的色彩，从而将沉着痛快的"痛"表现出来。老莲之人所难及处，往往正在这微妙处。他的诗心既微妙，又放旷。

东晋时大将军王敦是一个豪放之士，他每每饮酒，不经意中，总是喜欢吟诵曹操"老骥伏枥，志在千里。烈士暮年，壮心不已"的诗句，边吟边以如意敲打唾壶，唾壶边都被打缺了。而老莲这幅画中，长案上铁如意放在左侧，正暗含击碎唾壶的沉郁豪放之意。

《离骚》，诗名的意思是"离忧"——遭遇忧患。《离骚》在中国，是忧愤壮怀的代名词。东晋大将军王恭说："痛饮酒，熟读《离骚》，便可称名士。"②前人又有"上马横槊，下马作赋，自是英雄本色；熟读《离骚》，痛饮浊酒，果然名

① 辛弃疾《水龙吟·登建康赏心亭》，《稼轩长短句》卷五。

② 《世说新语·任诞》。

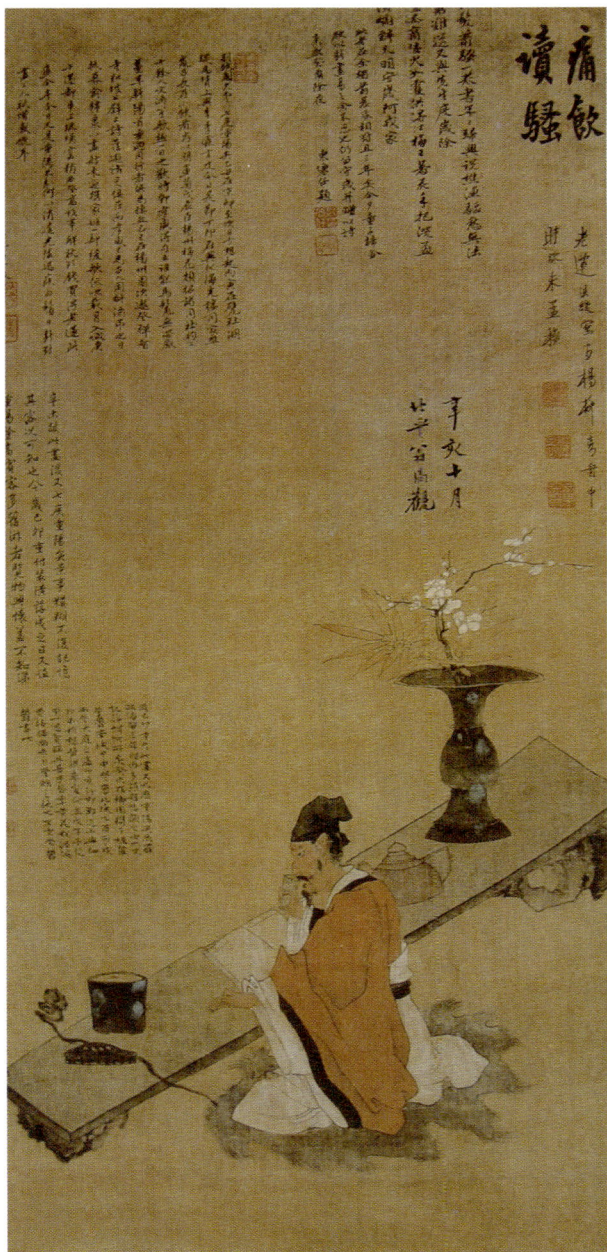

明　陈洪绶　痛饮读骚图　103.5×41.5厘米　上海博物馆藏

①《小窗幽记》
卷十《豪》。《小窗
幽记》，一名《醉古
堂剑扫》，十二卷，
一说是明陈继儒所
辑，一说是明陆绍珩
所辑，此书曾传入日
本。今传有日本嘉永
六年（1853）刻本，
题为松陵陆绍珩湘
客父选，溪于汝调鼎
石臣父等同参。

②《钦定补绘
萧云从离骚全图》，
上海古籍出版社，
2011年。

士风流"①的说法。老莲的这幅画以痛饮读骚为意，抒发沉郁顿挫的忧怀。清初画家萧云从曾画《离骚经图》，他有跋文称："秋风秋雨，万木凋摇，每闻要妙之音，不觉涕泗之横集。"②意思正与此同调。

此图本为康熙年间孔尚任（1648—1718）所珍藏，孔尚任是《桃花扇》的作者，他是当时有名的诗人，生平与石涛、王原祁、王石谷、梅庚、查士标等画家过从密切，尤善绘画鉴赏。他虽为朝廷重官，心中却对旧朝有浓厚的思念之情。奔波于仕途，并没有钝化他的生命体验。1690年他在京中琉璃窑得此轴，次年重阳题写此卷，其中有"光阴迅疾，白须日新，对画上人只增感慨耳"之叹。1693年除夕又题一跋，书有二绝："白发萧骚一卷书，年年归与说樵渔。驱愁无法穷难送，又与先生度岁除。炉添商陆火如霞，供得江梅已著花。手把深杯须烂醉，分明守岁阿戎家。"跋中称与此画晨昏相对三年有余，除夕至，童子欲以他画易之，"余不忍也，仍留守岁"，他与此画一同"守岁"，度过颠簸之岁月，将息难平之情怀。1698年重阳，他重裱此画并题。最后一跋作于1699年重阳。三度重阳，一度除夕，孔尚任反复题此画，"兀坐空堂"，郁郁对图，抚今思古，不禁怅然，《痛饮读骚图》的壮怀给了他力量，其中深寓的沉郁和愤懑，又成了他的性灵知己。

如果说《痛饮读骚图》侧重展示的是陈老莲的剑气，那么，甲申（1644）明亡之后，他的画中更多地传达的是萧心，是凄婉的心灵回旋，是绝望的心灵把玩。他的很多作品都有一种寂寞无可奈何的气氛，格调清冷，风味高古，不近凡尘。清画家陈撰（1678—1758）说他的画"古心如铁，秀色如波。彼复有左右手，如兰枝蕙叶，乃有此奇光冷响"③，颇中肯綮。古淡和幽秀是老莲画风的两极。在古淡中出幽秀，使古

③《玉几山房
画外录》卷上，引见
《美术丛书》初集
第八辑。

淡不溺于衰朽；在幽秀中存古淡，幽秀而不流于俗气。脱略凡尘，高翔远翥，将人的心灵拉入荒荒远世。

《闲话宫事图》，未系年，从笔墨特点看，当作于老莲的晚年，是明亡后的作品。这幅作品画的是东汉末年的一个故事，汉平帝时的伶元是一位音乐家，曾做过淮南丞相、河东都尉，其妾樊通德熟悉成帝时赵飞燕在宫中的故事，伶元

明　陈洪绶　闲话宫事图（局部）　93.4×46.8厘米　沈阳故宫博物院藏

根据她的叙述，作《赵飞燕外传》传世。此图画伶元与樊氏在一起闲谈昔日宫廷往事的场景。所谓"白头宫女在，闲坐说玄宗"，正是此画取意所在。本是一个香艳故事，老莲却从中抽绎出生命的思考。画中女子手捧书卷，石案上一剪寒梅怒放。石案的一侧伶元膝横红罩包裹之乐器，而其神情庄重，目视远方。往日的烟云似从他的眼中飘过。此乃老莲生平不可多得的佳作。画与老莲晚年所作的《乞士图》等相似，构图极简略，风味极渊净高古。没有背景，没有辅助的陈设，只有一案横陈，两人相对。琴未张，而观者似听到无边幽怨之声回荡；口未开，似说尽前朝旧事。哀婉的音声从画面中溢出，一切都不可挽回地逝去，一切都在西风下萧瑟，剩下的是无边的惆怅，和不尽的心灵回旋。

这幅画打动我的地方，是对生命的咏叹。陈老莲所表现的，也不仅是对旧日王朝的眷恋，我觉得注入的是对人生的把玩。时光如列车在奔驰，生命如窗外的风景一闪而过，即使是如花美眷、如醉人生，即使是位极王尊、美至天仙，都在似水流年中荡涤，惟剩下一些记忆的碎片。每个人都是人生舞台的演出者，又是这舞台永远的缺席者。眼望着西风飘零，但见得荒天迥地，一份惊悸，一份留连，一份怅惋。时光无情将人抛，繁华不再是注定的，人生没有不散的筵席，唯一能做的是，如这位音乐家的无尽的回忆，还有让那心灵中的寒梅永不凋零。画中两位人物的眼神画得非常好，女子似沉湎在往事之中，颔首凝神静读，而那伟岸的伶元却是端视远方，有历尽人间风烟而超然世表的情怀。

陈洪绶的人物画构图简洁而寓意深刻。有一些意象反复出现，如假山、花瓶，花瓶中所插的花也经过特别的选择，再经过夸张和变形，突出他要表达的内涵。传王维《袁安卧雪图》中，有雪中芭蕉，芭蕉乃春夏之物，雪中并无芭蕉。王画不是时序的混乱，所强调的乃是大乘佛教的不坏之理。一如金农所说："王右丞雪中芭蕉，为画苑奇构，芭蕉乃商飙速朽之物，岂能凌冬不凋乎。右丞深于禅理，故有是画，以喻沙门不坏之身，四时保其坚固也。"[1]在陈洪绶这里，这更是凡常之事。时间和空间从来不是限制他的因素，他的画只在乎表达自己的体验世界。一切都是可以利用的。在陈洪绶画面反复出现的花瓶中，总是少不了梅花和红叶，梅花象征高洁，而红叶象征着岁月飘零，时光是这样轻易地将人抛弃，而人却执着地留连着生命的最后灿烂。

一瓶清供，盛着的是他对生命的感受。而花瓶往往是锈迹斑斑，它从苍莽中走来。

现藏于扬州博物馆的《听吟图》，未系年，款"老莲洪绶"，当为画家逝世之前不久的作品[2]。这类画一视即为"老莲造"，自有生人以来，未有如此般之作也。其中滚动着桀骜、勃郁和顿挫，正所谓才华怒张，苍天可问。画中两人相对而坐，一人吟诗，一人侧耳以听。清吟者身旁，有一片假山，形状奇异，盘旋而上，上如悬崖，绝壁中着一暗铜色蚀的古器，中有梅花一枝，红叶几片。一般来说，红叶在秋末，寒梅开在冬末早春，这里却放到了一起。听者一手拄杖，一手依着如龙游走般的树根。画风高古奇崛，不类凡眼。虽有时空上的矛盾，在老莲看来，这又何妨。众人看世间所见之物，而他所见为世外之景。

宋人有词曰："流光容易把人抛，红了樱桃，绿了芭蕉。"[3]在陈洪绶的作品中不断出现芭蕉和假山，如他的《蕉荫丝竹图》、《蕉林酌酒图》两图中，将人物置入芭蕉和假山所构成的世界中。《蕉林酌酒图》中的主人公手执酒杯，坐在山石所做成的几案前，高高的宽大的芭蕉林和玲珑剔透的湖石就在他的身后，而那位煮酒的女子，正将菊花倒入鼎

[1]《金农诗文集》，《西泠五布衣遗著》，浙江古籍出版社，2015年。

[2]天津人民美术出版社2012年版《陈洪绶全集》第二册189页影印此图，定为1650年左右的作品。

[3]宋蒋捷《一剪梅》："一片春愁待酒浇，江上舟摇，楼上帘招，秋娘度与泰娘娇。风又飘飘，雨又萧萧。 何日归家洗客袍，银字笙调，心字香烧。流光容易把人抛，红了樱桃，绿了芭蕉。"（《竹山词》，见《全宋词》所录）

明　陈洪绶　听吟图　105×46.5厘米　扬州博物馆藏

明　陈洪绶　蕉林酌酒图　156.2×107厘米　天津博物馆藏

器中，她就坐在一片大芭蕉叶上，如同踏着一片云来。他以篆籀法作画，古拙似魏晋人手笔。

陈洪绶的作品有一种强烈的高古境界，他似乎只对永恒感兴趣，他的目光正像他画中的人一样，手持酒杯，望着远方，穿过纷纷扰扰的尘世，穿过迷离的岁月，穿过冬去春来、花开花落的时光隧道，来到一片静寂的世界。在这里，青山不老，绿水长流，芭蕉叶大栀子肥，这里的一切似乎都静止了。沧海莽莽，南山峨峨，水流了吗，又未曾流，月落了吗，又未曾落。这是一种亘古的宁静，陈洪绶通过他的画面切入了永恒。

他在永恒中思考着人生，人是多么聪颖的动物，但生命却是这样的脆弱，似乎刹那间就消失，消失在茫茫太古之中，他对人生的惨淡有痛彻心扉的体认。陈洪绶通过他的画面在思考人生所面临的窘境，他浪漫地踏着一片云来，以冷峻的眼光阅历人间风烟，将它淡去，淡去，在永恒面前，一切都如清风届耳。陈洪绶的人物画不是历史的实录，他画的是他的人生，他的生命体验。他有很好的人物造型能力，却痴迷于将人物变形，在处理上往往突出人物头部的比例，人物的脸部几乎没有笑容，没有平常人的神情，一样的神情古异，淡不可收。人物活动的场景和现实的空间有很大的距离。他生活在自己的幻象世界中。

作为一个画家，陈老莲一生似乎和馨香世界结下不解之缘，尤其晚年遁入空门之后。沉浸在他的艺术世界中，你会觉得，一剪寒梅似乎永远在他的艺术世界中绽放着。这是他的画面的常有道具，也是他人生的道具。这是陈老莲性灵的风标，也是他的艺术的徽记。这位艺术家，就像吃了《红楼梦》里的冷香丸。他的作品总有凄美的格调，具有冷艳的色彩。

现藏于苏州文物商店的《水仙灵石图》，是一幅设色
画，画湖石背后有水仙一丛，叶片以石青敷成，花朵填以白
粉，花不多也不大，但却影影绰绰，灼目而忧伤，令人难忘。
青叶和白花相映，冷艳凄绝，其上有跋云："此花韵清冷，开
与梅花俱。却如孤性客，喜与高人居。"陈老莲其实就是以这
"孤性客"的心态来画这些冷花异卉的。

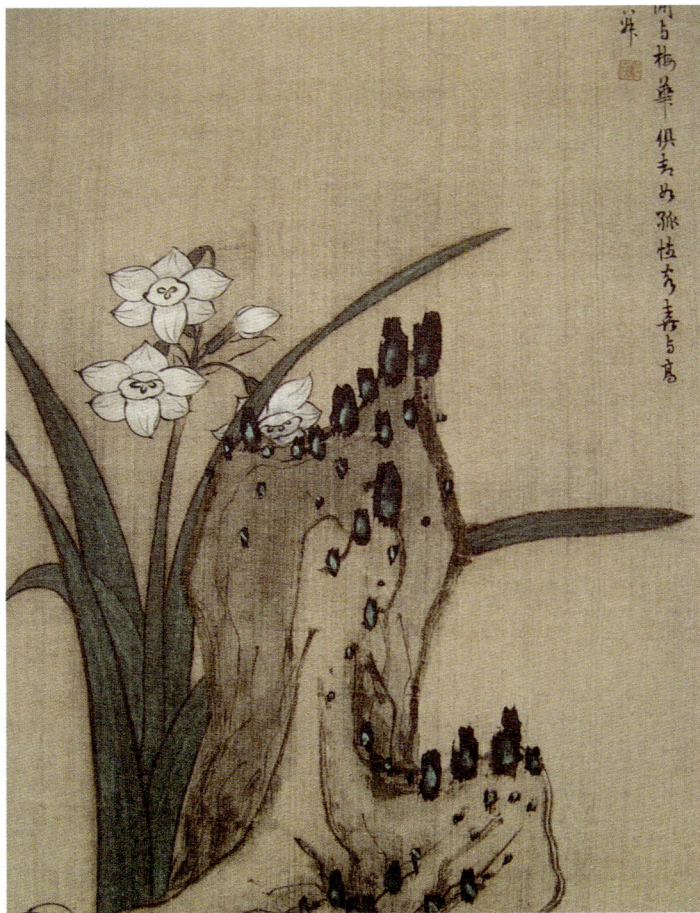

明　陈洪绶　水仙灵石图（局部）　47.5×26厘米　苏州文物商店旧藏

又如曾为张大千大风堂收藏，今藏于四川博物院的花卉图册六开，是老莲生平最重要的花卉作品之一。这组册页充分地体现出老莲"奇光冷响"的艺术风格。图写梅、竹、菊、玉簪等花卉，其中第四幅，构图极简洁，画一铜制花瓶中插海棠一枝、竹叶数片。铜瓶锈迹斑斑，极显其高古之态。整个画面古淡幽雅，气氛冷逸。

陈洪绶非常喜欢将"当下"与"往古"对勘，将"当下"的鲜活透入"往古"的纵深中去，由此挣脱时空的束缚，着以飘逸的用思。

如作于1649年的《吟梅图》，今藏南京博物院，是其晚年作品。在画的右下角，一个女子手捧汝窑花瓶，瓶中插着

明　陈洪绶　吟梅图
125.2×58厘米　南京博物院藏

一剪梅，以兰叶为佩。背对画面的女子坐在假山上，身前诡异的案台上放着笔和纸，纸面上空空如也。此时她正侧过头来，端详梅瓶。画中上对着画面的是一文士，双手紧扣胸前，眉头紧锁，作沉吟作诗状。他前面是巨大的石案，案上青铜镇纸，呈沉静的暗绿色，铜锈斑斑，来历久远，正压着当下出现的、等待书写的宣纸。这个铜制的小物件，像是在游动，在当下与往古、永恒和脆弱间游动。画风迷离，似幻非真，如同打开一条时间的通道，"黄唐在独"，此在渊古。画面中那绰约的红——石案上古器下的红垫、由石案下透出的文士的一缕红鞋，还有作诗女子左侧的矮矮的红几，从沉静的、渊古的、斑驳的画面跃出，从浩瀚的历史纵深中跃出，此时你如同读松尾芭蕉那首著名的俳句：

> 蛙跃池塘中，静潴传清响。

你似乎听到了历史的回音。此图之吟梅，是要吟出花叶飘零的世相，还是寒中逸出的清芬；是海枯石烂的怅惘，还是性灵超越的轻盈？老莲并没有给予回答。

佛经中说，"法固寂然"；陈洪绶的画有一种"圣默然"的气氛。他在画中不说，却让他的图像所汇成的怪异世界"皎皎地说"，说着他深衷的感受。看他的画常有一种透不过气来的感受，但一朝醒觉，却又有如饮狂泉的感觉。

画家的至友周亮工（1612—1672）说，陈洪绶不是一个画师，而是大觉金仙。所谓大觉金仙，就是如佛一样的觉者。在周亮工看来，陈洪绶远不能以一个画家来看，也不是一个干练的世海中人，他是大觉，他觉悟了别人所不能觉者，或所未觉者。他的画具有很强的装饰味，他的装饰目的不在于和谐，不在于美，而在于深心中的体验。他将这个戏

剧化的人生放大着看，夸张着看，他将短暂而脆弱的人生
超越着看，通透着看，他睁着一双醉眼，将一些不相干的对
象撮合到一起，他凭着那份狂劲，将平常的存在扭曲，再扭
曲，他将人请到他的世界中，他的世界对于常人来说是怪诞
了。怎么能不怪诞呢？凡常的人哪里看到这样的存在。在这
个世界中，他哀怨地诉说着自己对人、对宇宙的看法，拒绝
了炎凉时世，那是个拥挤的肮脏的空间；告别了大漠风烟，
那是个争斗无穷，将人的灵性耗干的世界。陈洪绶最喜欢画
音乐的场面，幽咽的声音从他的画中传出，那是宇宙中一个
觉者的清响。

明　陈洪绶　钟馗图　124.5×58.6厘米　苏州博物馆藏

三　新桐初引

他们以艺术的方式安顿自己的灵魂，从他们的画中传出的缕缕清韵，表达的是和污秽世界抗争的心声。他们精心装点着清如新桐初引的世界，就是为了护持自己的灵魂。禅宗说："时时勤拂拭，莫使惹尘埃。"我们在崔子忠笔下盥洗清桐的画面中，其实感到的就是这种精神。

明末崔子忠①是著名的人物画家，当时与陈洪绶齐名，有"南陈北崔"之说，二人画风也有接近处。朱彝尊比较二人之画说："其人物怪伟略同，二子癖亦相似也。"②崔子忠有《云林洗桐图》，画的是倪云林洗桐的故事。这是一幅精心创作的作品，画面清新雅洁，数百年过去，视之如新。画中庭院左侧有假山一片，参差嶙峋，右有青桐一棵，昂然挺立。青桐下有一童仆持刷，在用心地清洗梧桐树。其中段有一位戴着士冠的人，飘然长须，衣着洒落，制度古雅，不近凡尘，且体貌从容，有闲云野鹤之态，此人当是主人倪云林。后人评云林"品若天际冥鸿"，此画可略见其风仪。画面在不经意处，有一侍女手捧金兽香炉，香烟缭绕，整个画面都氤氲在这香气之中，使人读此画似能闻到一阵淡淡的香气。

这幅画的构思很精微，一方面是清丽韶秀，青桐沐浴在阳光之中，枝干挺拔，叶面盎然，画中女子衣衫流畅而华美，侍女头上戴的花也用心画出。另一方面，此画又突出古雅的一面，湖石假山，苍古高逸，即使盛水的铜盆也非比寻常，斑驳陆离，似从莽莽远古中来，诉说着其不凡的来历。钱谦益曾评崔氏之为人"形容清古，言辞简质，望之不似今人"③，其画亦如此。他将古朴和韶秀结合在一起，对比中，散发出独特的风味。

云林洗桐，历史上确有其事，成一时文人之雅谈。作为元四家之一的倪瓒④，他在无锡有清閟阁，雅净非常，阁外碧梧掩映。他有洁癖，洗濯梧桐，就是他无数脱略常规的行为之一种。而秋风一起，梧桐凋零，他又吩咐家人以杖头缀针，将叶挑出，不使坏损，并挖香冢掩埋，深有爱怜之意。

梧桐在古代中国人看来，不同凡木。《庄子·秋水》中描绘一只高逸的鸟——鹓雏飞向南方，"非梧桐不栖，非练实不食，非醴泉不饮"，这志行高洁的鸟所栖息之处就是梧

① 崔子忠（1574-1644），字道母，号青蚓，北海（今山东莱阳）人，磊落有节操，甲申国变自杀身亡。曾师事董其昌，工人物，尤擅佛像，兼工山水。著名人物作品有《洗象图》、《苏轼留带图》等。

② 朱彝尊《曝书亭集》卷六十四《崔子忠陈洪绶合传》。

③ 钱谦益编选《列朝诗集》丁集卷十。

④ 倪瓒（1301-1374），字元镇，初名珽，号云林子，又号荆蛮民、幻霞子等。无锡人。元诗人、书画家，擅画山水、林木，风格枯寂，独立宗风。云林家资富有，有清閟阁，晚年尽散其家产，浮游江湖之上。

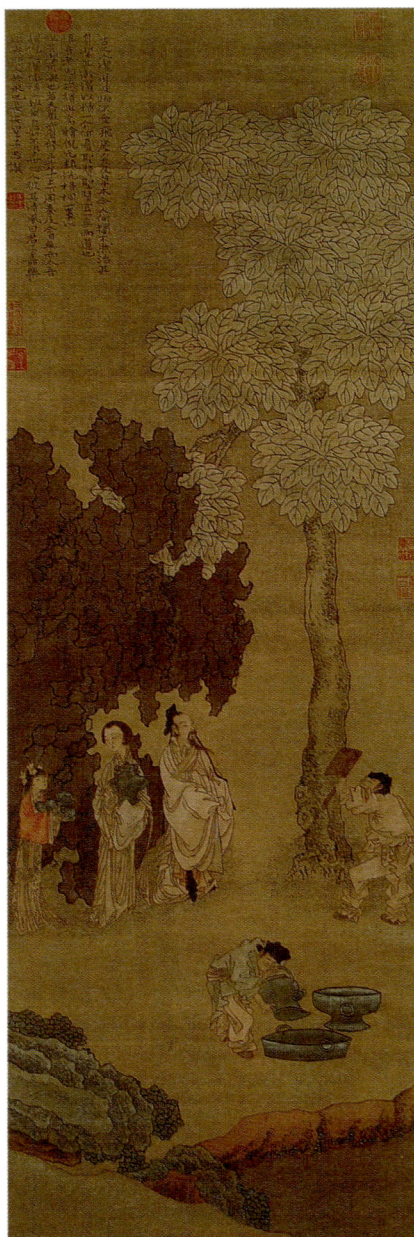

明　崔子忠　云林洗桐图　160×53厘米
台北故宫博物院藏

桐。东晋名士王恭和建武将军王忱有交情，王忱是大诗人王坦之的儿子，神情潇洒，人多不及。友人常常聚会，王忱不在，王恭便觉得怅然若失。有一天，在京口一个庭院中，群贤毕集，但王忱不在。《世说新语》写道："于时清露晨流，新桐初引，恭目之曰：'王大故自濯濯。'"王恭以濯濯的新桐，比喻王忱人格的华美。于是，后人便将新桐初引，作为高逸人格的象征。李清照《念奴娇·春情》词有"清露晨流，新桐初引，多少游春意"之句，春情盎然，新意勃勃，人置于其中神清气爽，悠然而高蹈。崔子忠这件立轴所突出的正是这样的精神。

"振衣千仞岗，濯足万里流"（西晋左思《咏史》诗），形容君子人格的潇洒；而"清露晨流，新桐初引"，则是清新高逸人格的象征。崔子忠的这幅《云林洗桐图》，画的是云林旧事，突出的是画家自己的情怀。他跋此画云："古之人洁身及物，不受飞尘，爰及草木，今人何独不然？治其身洁，其浣濯以精一介，何忧圣贤，圣贤宜一无两道也。……吾谓倪之洁，依稀一班耳。自好不染，世之人被其清风，曰君子嘉乐，端与斯人共永也。"他通过这个故事，突出士人对清新雅净境界的追求，他要与画中人、画中事、画中精神"共永"。

倪云林在明清以来的艺术家中，堪称人格典范。我读过不少赞其人、赏其艺的诗文篇什，给我印象最深的却是这幅画。这香雾缭绕的世界，正是倪云林精神所应存之所。其散发的清风洁韵，可以说直入云林艺术之奥府。北京故宫博物院藏有云林的《梧竹秀石图》，画之中部画一假山，孤迥特立，绿竹猗猗，后面则以一梧桐作背景，影影绰绰，正如画家的朋友张雨题诗所云："青桐阴下一株石，回掉来看雪未消。展图仿佛云林影，肯向灯前玩楚腰。"画此潇洒不群之物，为画家心灵留影。

元　倪瓚　梧竹秀石图　96×36.5厘米
北京故宫博物院藏

云林有洁癖，明清以来艺谭几乎无人不知。传说他每次洗涤，都要换水数十次。穿衣服，戴帽子，反复地抖，生怕有灰尘染上。别人坐过的凳子，他要人反复地擦。遇到俗气的人，离得远远的，生怕受到污染。至于其作画作书，一定要焚香盥砚，似乎只有在香雾缭绕中，他才能进入正常的构思。

云林为无锡富族，家世经商，集有万贯家财，但传到云林这一代，他却对商事了无兴趣。他追求的是远离嚣尘的生活。他家的清闷阁，是一处三层楼的住所，单说这清闷阁的陈设，就足以见出主人的精神追求。室内有古彝名琴，陈列左右，又有图书千卷，齐齐罗列，最引人注意的是这里四时的清供，佳木异卉，奇香灵草，使得这里无时不氤氲在香气之中，香气缭绕，直将清闷阁染成一个名副其实的香阁。而阁外乔木修篁，蔚然深秀，云林就在这清香四溢的世界中。

现藏于台北故宫博物院的《倪瓒像》，为张雨所画。画中云林高坐榻上，右手执笔，左手展画卷，右侧一童仆持扫帚侍立，左侧则有一女童提着水罐，随时准备侍奉洗涤，满足主人不断洗手的习惯。这应该是云林生活的写照。他自号云林，竹窗疏影，宴坐如如。他生活在云中、水中、香中。

云林是个爱香如命的人。据明都穆《都公谭纂》卷上记载，元末起义军领袖张士诚据平江府而称王，其弟张士信喜云林之画，派人送上绢和银两，想求他一幅画。倪云林知道后大怒，说道："予生不能为王门画师。"就扯裂送来的绢，将钱扔到了地下。张士信知道后恨恨不已，就想抓住惩罚他。有一天，张士信与文人游太湖，他闻到湖中一渔舟有异香溢出，就说："这船中一定有倪云林。"急忙命舟靠近，果然是他，于是将云林抓住，云林因此有牢狱之灾，后来逃难到太湖的芦苇之中，因而脱险。

云林喜欢饮茶，茶的清逸正合他清洁的癖好。一次在惠山中饮茶，摆上不少粉胡桃和杂果成膏，名曰清泉白石，以作佐茶之物。有一个人名叫赵行恕，是宋代宗室，慕云林清逸的雅致，前去拜访，坐定，云林命童子拿出最好的茶。但赵行恕看到好吃的，就放下茶，连啖果膏。云林鄙视地看着他，说道："我以为你是个王孙，所以拿出这样的好茶，看你不知风味，真是俗人啊。"赵行恕觉得很没面子，归来后，就和倪云林绝交了。

云林的"洁癖"，由外在的爱清洁，更衬托出精神上的清洁追求。有的研究者说这是一种病，甚至有说是地主老爷的讲究，这并不允当。或许云林爱洁成癖以至连俗人坐过的座位都敬而远之之类的传说，多为后人编造，但这样的传说无非要突出这位艺术家孤傲的节操。明代初期以来，"江东以有无云林论清俗"，云林成为一种人格的风标，他的艺术也在传递着这种精神。

明初吴门学者吴宽说"迂翁胸中有清癖"（云林号迂翁），云林外在仪范如清风朗月，胸中贮积着清气洁韵，他的诗、书、画，透出的是他性灵中的气息，他画中的空亭秀木、幽涧寒松，是他精神世界的表征。他说"清诗多为雪精神"，主宰其艺术和为人的，正是这"雪精神"。每将竹影抚秋月，更爱岩居写白云，这就是云林。

《渔庄秋霁图》，现藏上海博物馆，是倪瓒五十五岁时候的作品，就画几株寒林，底部为几块石头，坚定有力。林木耿耿直立，无弯曲之状。中部空空落落，背景是一痕山影。境界高朗开阔，在莽远的世界中，划出寒林的直立形象。没有人来，没有舟往，没有鸟的飞旋，似乎风也被淡去，就是这样寂寞、简单、空旷，没有任何色彩，是一种枯淡到极致的表达。

再看北京故宫博物院所藏的《幽涧寒松图》，是他七十二岁时的作品。实际上所画的就是山坡寂寥的景致，山

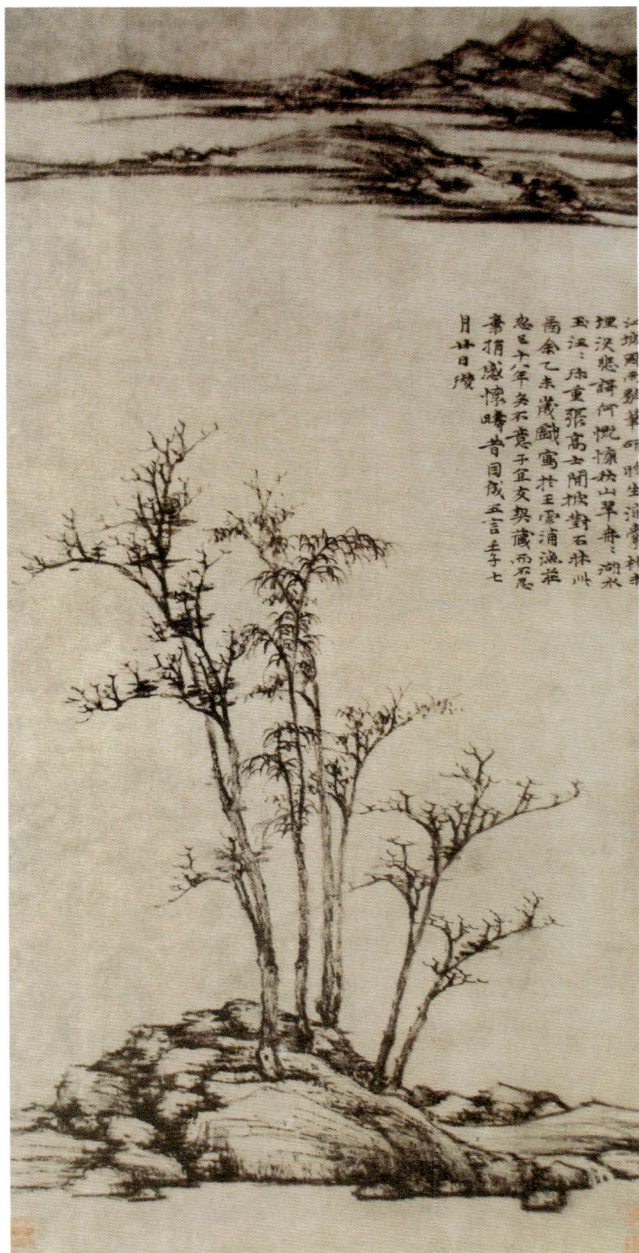

元　倪瓒　渔庄秋霁图　96.1×46.9厘米　上海博物馆藏

元　倪瓚　古木幽篁图　88.6×30厘米
北京故宫博物院藏

涧潺潺，溪涧边几棵直立的树，天上没有云，也是那种空荡荡的世界。画面简洁干净，没有任何多余的东西，这里并非要传达他对寒林枯木的趣好，而着意在"寒汀独尔思"的高朗和清澈。这样的画，只能以"冰痕雪影"来评价了。这不是云林的独好，而是一种普遍的"文人情怀"。我们今天所说的"文人意识"，在一定程度上就是这种非从属的、执拗的意识，一种独守寂寞的意识，艺术就是永远追求性灵清洁的历程。

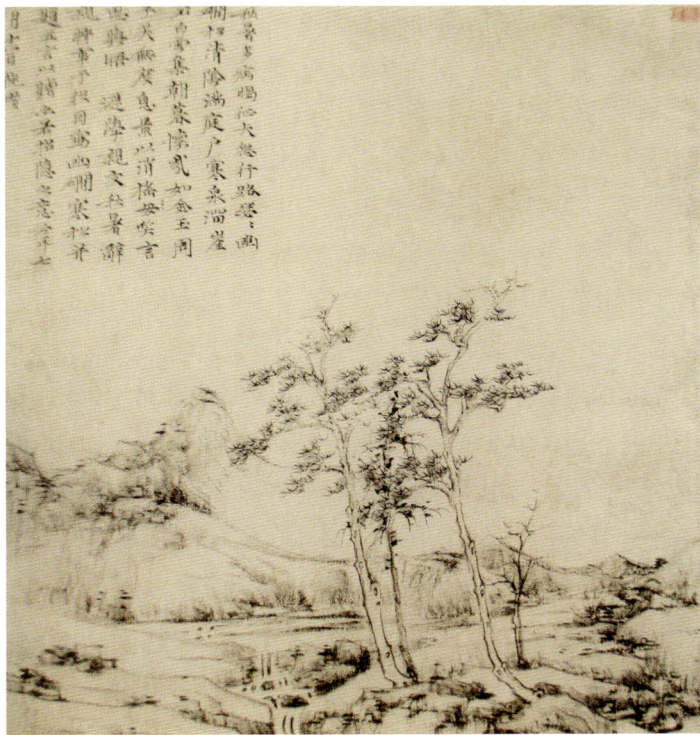

元　倪瓒　幽涧寒松图　纸本　59.7×50.4厘米　北京故宫博物院藏

①《雪不止重寄》，《清閟阁遗稿》卷八。

②清人王昶《浮湘》诗云："路经九曲帆频转，地为三闾草亦香。"（《湖海诗传》卷二十四）。

云林艺术中溢出的气氛真是好，他有诗云："清夜焚香生远心，空斋对雪独鸣琴。数日雪消寒已过，一壶花里听春禽。"①清夜焚香，空斋对雪，映照着人精神的朗润。李白是"花间一壶酒"，而云林要在"一壶花里听春禽"，真是清新雅净之至。论者说他"无画史纵横气息"，就是说他淡尽尘滓，淡尽风烟，鸿飞不与人间事，山自白云江自东。

我们可以稍稍从青蚓（崔子忠）的画、云林的情中移开去，来看中国古代艺术家的思维，可以发现，中国艺术有一绵长的传统，可以说是"好洁"的传统。很多文人有"洁癖"。前人有所谓"地为三闾草亦香"②的说法，那是对屈原的赞叹，意思是，这路如果是屈原走过的，草也是香的。屈原就有"洁癖"，史书上说他"瘦细美髯，丰神朗秀，长九尺，好奇服，冠切云之冠，性洁，一日三濯缨"。他的作品中，处处洋溢着这种洁净精神。"朝饮木兰之坠露兮，夕餐秋菊之落英。"（《离骚》）早上取木兰花坠落的露水饮用，黄昏时再摘秋菊鲜美的花朵来佐餐，这是怎样的情怀啊！楚辞开创了中国艺术"香草美人"的传统——以花木之品表达清心洁韵。

北宋大艺术家米芾也有洁癖，艺坛传为佳话。传说他盥手用银方斛泻水于手，然后两手相拍到干，不用手巾，怕弄脏。家有客人，无论高贵或低贱，客人走了，一定要洗坐榻。他有女待嫁闺中，一直择婿不得，见了不少人，都因没有过了清洁这一关而未成，几乎要将女儿变成"剩女"了。一天，有人给介绍一个士人，名叫段拂，字去尘，米芾大喜道："名拂，字又叫去尘，真吾婿也。"于是就将女儿嫁给他。

云林洗桐，屈原餐花，以及传得离奇的襄阳嫁女，所透露出的都是性灵珍摄的思想。这尘世中充满了太多的污秽，老子所讽刺的熙熙而来攘攘而去的贪婪之徒，庄子所痛斥的津津于腐鼠滋味的势利者，屈原所鄙夷的"竞进贪婪"的群小，充斥着这个世界，浊浪排空，瘴气四起。佛教起源于对人生之苦的思索，也出于对人世肮脏的反思。佛教的"净土"世界、它的理想世界"众香界"，深深吸引着中国艺术家。有些艺术家面对腥秽之世界，甚至感觉到乾坤没有一块干净的地方，他们或隐于山，或匿于市，以警惕的眼光注视外在，与时俗保持着距离。他们以艺术的方式安顿自己的灵魂，从他们的画中传出的缕缕清韵，表达的是和污秽世界抗争的心声。他们精心装点着清如新桐初引的世界，就是为了护持自己的灵魂。禅宗说："时时勤拂拭，莫使惹尘埃。"我们在崔子忠笔下盥洗清桐的画面中，其实感到的就是这种精神。

清的灵魂，雪的精神，在中国画的园囿中荡漾。在中国传统绘画中，这样的清清世界太普遍了，绘画几乎成为画家灵魂的香宅，画家弄笔为画，在一定程度上，就是为了这灵魂的"清洁性"。

南宋末年至元代这百余年时间，虽然相对于数千年的中国历史，是短暂的时光，但摇曳于这个时代对清气的追求，至今还在感动着人们。那是一个风雨如晦的时代，也是个腥秽四溢的时代。逆世成就了艺术家高逸的灵魂。乾坤中惟清气至尊，人惟有以清刚的灵魂，才能合于这宇宙，这成为那个时代艺术中最普遍的声音。元四家之一王蒙有《岩居高士图》，一位僧人题此画云："琴声相继读书声，坐觉乾坤气独清。一曲高山流水远，千编深雪小窗明。"[①]这"坐觉乾坤气独清"的境界，正是元人所追求的。

南宋赵孟坚(1199—1264)字子固，善画水墨梅、兰、竹、石等，尤以白描水仙最为有名。他的画裹着他的故国梦，带着他的清净心、他的唯美情怀。邓文原《题赵子固墨兰》："承平洒翰向丘园，芳佩累累寄墨痕。已有怀沙哀郢意，至今

①《珊瑚网》卷三十五。诗为夷简所题。

①《元诗选》
二集卷七。

②《元诗选》
二集卷十七。

③郑所南,福
建连江人,南宋末
年诗人、画家。宋亡
后,改名思肖,字忆
翁,号所南,均意在
不忘旧朝也。初名不
详。

春草忆王孙。"①元人韩性《题赵子固墨兰》说:"镂琼为佩翠为裳,冷落游蜂试采香。烟雨馆寒春寂寂,不知清梦到沅湘。"②赵子固的兰画就是他的《离骚》。他的片片花叶,透着倔强和昂然。

郑所南③(1241—1318)的兰蕙之作中,也透露出这样的精神。如藏于日本大阪市立美术馆的《墨兰图》,是其代表作品,画中以淡墨画数片兰叶,以浓墨点出兰一朵,别无长物,但气势嶙峋,不容干犯。上所南有一诗:"向来俯首问羲皇,汝是何人到此乡。未有画前开鼻孔,满天浮动古馨香。"这"满天浮动古馨香",正是所南翁心灵之寄托。其上有"所南翁"和"求则不得不求或与老眼空阔清风今古"二印,其中"清风今古"一语,道出了他的精神追求。他以兰来表心志,他曾题兰云:"纯是君子,绝无小人。深山之中,以天为春。"所南于南宋末年曾以太学生应博学鸿词试,宋亡后,隐居于苏州。画兰,根下无土,人问之,他说:"土为番人所夺,汝尚不知耶?"耿耿心志,溢于言表。他的兰就是他的心灵符号。倪云林有《题郑所南兰》诗,其云:"秋风兰蕙化为茅,南国凄凉气已消。只有所南心不改,泪泉和墨写《离骚》。"④云林看出了所南的耿介和清逸,看出了他的骚人情韵。

④《元诗选》
初集卷五十八。

元人王育题所南现藏于大阪的墨兰之作古诗云:"老翁不见今何在,忍看遗墨眉皱攒。人亦香兮兰亦香,相似脉脉欲断肠。云开山阿见圭璧,风散群飞闻凤凰。长使逍遥不拘束,与兰千载共幽芳。"人亦香兮兰亦香,墨香之中出真魂。这成为那个压抑时代士人心灵微妙的清响。孤芳愁绝,唯此清音,使人获得生存的力量。

⑤《题梅竹双清卷》,见《弇州山人四部稿续稿》卷一百六十八。

当时的画家不约而同地追求一个"清"字。明代鉴赏家王世贞评元画时说:"以其精得天地间一种清真气故也。"⑤

赵孟頫"日对山水娱清晖",以"清"为其最高的审美理想。他说:"高情自有泉石趣,凉意不受尘埃缠。"[①]他发誓:"以我清净耳,听此太古音。逍遥万物表,不受世故侵。"[②]

钱选善为花卉,他深感"乾坤清气流不尽",他的花卉就是要流出这乾坤的清气。名作《八花图》(今藏北京故宫博物院),堪称花鸟画中的精品。其中的一幅《水仙图》,灵气飞动,色泽古雅,气味幽淡,水仙花叶富有弹性,令人一视难忘。钱选曾有题水仙图诗云:"帝子不沉湘,亭亭绝世妆。晓烟横薄袂,秋濑韵明珰。洛浦应求友,姚家合让王。殷勤归水部,雅意在分香。"[③]移以评此画亦可。

李息斋[④]善画竹,他的竹曾获"李侯标格清逼人,胸中丘壑绝无尘"[⑤]之评。他在《秋清野思图》上自题诗道:"秋风环珮玉珊珊,出谷筼筜野思闲。惆怅谪仙归去后,空留清影落人间。"[⑥]他的竹正是空流清影在人间,不仅在檀栾之秀,也不仅在参差有十万丈夫的气势,而在清逸的精神。

王冕的梅更是以清而享誉于世。他有题梅花诗云:"吾家洗砚池头树,个个花开淡墨痕。不要人夸好颜色,只留清气满乾坤。"一句"只留清气满乾坤",至今仍在鼓舞着人们。他的梅画凛凛清气,至今犹在人们心中浮动。这首诗题

① 《题也先帖木儿开府宅壁画山水歌》,《松雪斋集》卷三。

② 《题洞阳徐真人万壑松风图》,《松雪斋集》卷二。

③ 据《珊瑚网》卷四十四所引,《题水仙》。

④ 李 息 斋(1245-1320),字仲宾,号息斋道人,大都(今北京)人。官至集贤大学士、光禄大夫,然而性情孤傲,喜画竹,是元代竹画的代表人物。

⑤ 陈镒题李息斋《枯木竹石图》,《午溪集》卷四。

⑥ 《式古堂书画汇考》卷四十八。

元 钱选 《八花图》中水仙一段 北京故宫博物院藏

元　王冕　月下梅花图　164.4×94.5厘米　美国克利夫兰艺术博物馆藏

明　仇英　水仙腊梅图　47.5×25厘米　台北故宫博物院藏

在今藏于北京故宫博物院的一幅墨梅立轴上，画梅花一枝，也清气浮动，凛凛然有不容干犯之势。

王冕有诗说："疏毫不作寻常醉，恰似三闾楚大夫。"①此风骚之情，有豪逸之气，有自负的胸襟，但也裹孕着酸楚。中国自古以来，清净高逸的情怀往往在乱世中、在逆境中磨砺而就。中国绘画的冰痕雪影中，每每可见一种力量感，那种乾坤浑浊独守清流的抱负、那种宁为玉碎不为瓦全的意志。这里很少有当代一些批评者所说的造作忸怩的闲情逸致，它所彰显的是一种生命的底线——活下去的最后理由。

清露晨流，新桐初引，以元人为代表的追求清净的艺术精神，是我们重"品"的文化传统所溢出的妙音。

四　暮鸦宾鸿

秋风萧瑟处，雪落黄昏时，这些没有华丽羽毛、轻灵外表的鸟，黑压压地飞去，又成群地飞来，黑色的外表下藏着逡巡的目光，笨拙身躯中裹着格外审慎的惊魂。这些神秘的鸟，引发了艺术家、诗人的无限遐思。它们远足，寻觅，不做雕梁画栋客，多徘徊在寒林冷溆，飞得再远，仍然不忘回到旧时枝。

中国画家画乌鸦，多在暮色中，言鸿鸟、多强调其"宾"的特性，一种永远在寻找归程的鸟。暮鸦、宾鸿中包含着很微妙的用思，值得玩味。

恽南田①的《古木寒鸦图》，是藏于北京故宫博物院的十开山水花卉图册中的一开，此开为仿五代画家巨然的作品，巨然的原作未见，此图倒是体现出典型的南田格调。深秋季节，一个微不足道的角落，一些习以为常的情景，古树、枯藤、莎草、云墙和寒鸦，但在南田的处理下，却有独特的意味。左侧南田题诗一首："乌鹊将栖处，村烟欲上时。寒声何地起，风在最高枝。"落日村头，断鸿声里，晚霞渐去，寒风又起。地下，弱草披靡，树上，枯枝随风摇曳。画中的一切似都在寒风中摇荡，古木枯枝也没有一般所见的直立僵硬、森然

① 恽 南 田 (1633—1690)，初名格，字寿平，后以字行，改字正叔，号南田，江苏武进人，工山水花鸟，"清初六大家"之一。

清　恽南田　古木寒鸦图　27.5×35.2厘米　北京故宫博物院藏

搏人的样态，在画家柔和的笔触下，干蜿蜒如神蛇，枝披拂有柳意，再加上盘旋的藤蔓，若隐若现的云墙篱落，树下曲曲的小路，逶迤的皋地，远处飘缈的暮烟，曲曲的景致，似是曼妙的轻舞，又像是哀婉的衷曲。画有一种神秘气息，对光影的处理，尤其细腻。

这幅画还特别引人注意的，是那一群暮鸦。晚来急风，在晚霞中，一群远赛的鸟归来了。虽然风很急，天渐冷，虽然是枯木老树，但远飞的鸟毕竟回到了自己的家。

日将落未落，鸦将栖未栖，南田这幅画在着意强调这种感觉。正所谓"落叶聚还散，寒鸦栖复惊"，有一种不可言传的美。将栖，怀抱一种回归的欲望；未栖，却有性灵的辗转和逡巡。虽有可栖之枝，但大树迎风呼号，枝条披靡，并没有稳定的居处。画中似乎在强化这样的思想：人生哪有个回归处，天底下哪里有永远安宁的港湾。南田说："无可奈何之处，最宜着想。"南田的《古木寒鸦图》深染这无可奈何的叹息。所谓欲得何曾得，欲归何曾归，栖而未栖，归而未归，只是暂行暂寄而已。

漂泊几乎是人类无法摆脱的宿命，回归是人类永恒的呼唤。"日暮乡关何处是，烟波江上使人愁"，这样的"乡关之恋"几乎在每一个人心灵中荡漾过。即使是生活在现代信息化社会中，人类的家园意识还是一样的强固。人在旅途中，就注定他要回望。

人类的家园有多种，有家乡这样的家园，有国家这样的家园，中国古人合称此为家国之恋，还有作为心灵中真性的家园，像庄子所说的"旧国旧都，望之畅然；虽使丘陵草木之缗，入之者十九，犹之畅然"①，就是以外在的故园作比喻，来表示内在的生命故园。在艺术家的笔下，这种种故园意识往往混同一起，为我们理解这样的作品置下了广大的空

①这段话出自《庄子·则阳》，它的意思是，远望祖国和故乡，心中就感到愉悦，即使是丘陇荒废，草木遮盖大半，但一想到，还是感到心灵的慰藉。缗，漫漶不清。入，淹没。这里以"故国"，比喻人的真性——生命的故园。

清　八大山人　枯木寒鸦图　178.5×91.5厘米　北京故宫博物院藏

间。故园的呼唤，由颤抖的心弦上传出，它往往是最能打动人的声音。

我们今天读几千年前《诗经》中的有关篇章，仍然不能自已。《诗经》中《召南·殷其雷》写道："殷其雷，在南山之阳。何斯违斯，莫敢或遑？振振君子，归哉归哉。"诗写一个女子在惊雷欲雨之时，呼唤远方的先生归来。雷打得很响，你还在南山的南边，那远在天边的地方。你为什么抛下我，匆匆疾行在远方？我的心上人，你快快回来吧！《王风·君子于役》则写日落西山，一个女子触景生情："君子于役，不知其期。曷至哉？鸡栖于埘。日之夕矣，羊牛下来。君子于役，如之何勿思。"黄昏是这样的可怕，我的先生出去服役了，暮色中，牛羊急匆匆地下山，鸡也咯咯地跳进了笼子，我的服役的先生你为什么不回来？这样的诗令人不忍卒读。中国绘画中的暮鸦颇类似于《诗经》中这些引发咏叹的歌。

我们生活中不乏关于乌鸦的体验。天色微明，高空中有一群一群的乌鸦向远处飞去，偶尔还可以听到它们远去的叫声。而在暮色苍茫中，这些似曾相识的鸟儿又从遥远的天幕中飞回。寒鸦点点，界破高空的一幕，我们倒是不陌生的。中国人心目中的乌鸦并不是一种吉祥的鸟，古人就有见乌鸦哀鸣会遭殃的说法。但对艺术家、诗人来说，乌鸦又是他们喜欢表现的对象。在今天，城市化急剧膨胀，工业化带来的喧嚣，压缩着鸟儿的栖息世界，乌鸦也变得少了。想来在恽南田的时代，乌鸦一定很多。秋风萧瑟处，雪落黄昏时，这些没有华丽羽毛、轻灵外表的鸟，黑压压地飞去，又成群地飞来，黑色的外表下藏着逡巡的目光，笨拙身躯中裹着格外审慎的惊魂。这些神秘的鸟，引发了艺术家、诗人的无限遐思。它们远足，寻觅，不做雕梁画栋客，多徘徊在寒林冷溆，飞得再远，仍然不忘回到旧时枝。这些都折射出艺术家、诗人的精神世界。清戴醇士有题画诗道："寒日下峰巅，西风起林杪。野亭时一来，秋空数归鸟。"数着归鸟，数着暮鸦，也盘点着自己的精神。

这使我想到马致远那首著名的《天净沙》小令："枯藤老树昏鸦，小桥流水人家，古道西风瘦马。夕阳西下，断肠人在天涯。"寥寥数语，深得唐人绝句妙境。王国维甚至说，有元一代词家，皆不能办此。

枯藤盘绕，老树参差，数点寒鸦，在暮色朦胧中出没，小桥下一脉清流潺湲，临溪有数户人家。在这荒天古道上，又遇秋风凄寒，孤独人骑着瘦马。夕阳一抹渐渐西下，惟有我这客子浪迹天涯。小曲极写游子浪迹之苦。从视线上看，第一句是由下往上，枯藤盘绕着老树，渐渐向上延伸，树顶上但见几点寒鸦在暮色中飞舞，它们都在向"家"中归去。第二句是视线低下平视。低头见小桥架临，一湾流水脉脉向前流淌，似诉说着自己心中的苦痛，而临溪而立的参差人家又暗扣自己游子之苦，此人家并非自己的"人家"，自己成了一个孤苦伶仃人。第三句直接写自己，古道荒天，渺无人迹，西风萧瑟，备觉清寒，瘦马嶙峋，愈见可怜：马背上的独行人目之所见、心之所感即是如此情景，其心情不言自明。而末二句一改上三句舒缓节奏而变为急促，十个字突然吐出，宣泄其悲难自制的心情。

在这千年的古道上，在这萧瑟的秋色里，在这凄凉的晚风中，一个人踟蹰在天涯！这几乎成了人的生命里程的写照。

暮鸦在这里出现，主要反衬"断肠人"的痛苦。作者写寒鸦，是写其在暮色中归飞之急，向着它的居所飞去，自己却在渺然无绪中向着不知所之处茫然地行走，两相比照，悲之何极。

宋　佚名　寒鸦图（局部）　28×275厘米　北京故宫博物院藏

　　古代人由于交通不便，深受行役之苦，今天几个小时的
旅程，在古代可能需要数月之功。跋山涉水，饥寒劳顿，日出
时急急上路，暮色中觅孤馆暂栖，其间晨时的雨，午后的风，
夜来孤月高悬，黎明鸟儿聒噪，都可以触景生情，打破心灵
的平衡。正所谓"感时花溅泪，恨别鸟惊心"。漂泊的人，其
实就是一只零落的鸟儿。

北宋　李成　寒鸦图卷　21.7×117.2厘米　北京故宫博物院藏

清　恽南田　仿古山水册之一　25.3×27.5厘米　台北故宫博物院藏

　　枯木寒鸦一派，深受北宋以来李成、郭熙等的影响，李成擅画寒林枯木，传世多有佳作。北京故宫博物院所藏《寒鸦图》手卷，是南宋人的作品，反映出早期枯木寒鸦图的基本样态。细笔画雪后寒汀、林木萧瑟之景，一群一群寒鸦在雪中嬉戏。其中所突出的清净萧森的气氛，与后代枯木寒鸦图所突出的"归"的思考明显不同。

①戴进(1388—
1462),字文进,号静
庵、玉泉山人。钱塘
(今浙江杭州)人。
工山水,亦擅人物、
花鸟,风格横放雄
杰,笔墨精纯,顿挫
有致。

如藏于台北故宫博物院的南田《仿古山水册》,其中有一开画乱乱的湖天归鸦之景,画上虽无一字之题,然其意思却可读。当是秋末的黄昏时分,寒风更紧,飘动的林木依稀可感,一望无际的芦苇丛,也在寒风中披靡,苇荡中一捕鱼小舟泊在岸边,舟中空落无人,天空中但见得一群乌鸦急急地飞向归途。此画在乱入苍茫中画"画"的沉思。

明代画家戴进①的《雪归图》,其实就是另一种形式的"暮鸦图"。此图今藏纽约大都会艺术博物馆,水墨,淡设色。戴进画多有精警之意,这幅画就可看出构思上的独到之处。大雪漫天,寒风呼号,光秃秃的老树当风而立,狂风怒卷,枝丫纵横,力尽抖动挣扎感。近手处,一人衣衫正单,以袖掩面,被风卷向了归程。那抖动的衣纹,前倾的动作,都可以使人强烈感觉到急促感。这是漫天风雪中急切的归家人。戴进以他擅长的短促的线条,有力的钩皴,快速的节奏,粗犷的气势,烘托着抖动中挣扎的情境。畏途凶险,挣扎着往家中飞奔。

清代康熙年间画家、诗人庄澹庵(1627—1679),是一位很有品位的艺术家,生平与周亮工、程邃等为至交。他有一首题画诗颇为世人所重,诗是题当时一位叫凌畹(字又惠)的画家的山水之作,收在周亮工的《读画录》卷四中。其云:"性癖羞为设色工,聊将枯木写寒空。洒然落落成三径,不断青青聚一丛。人意萧条看欲雪,道心寂历悟生风。低回留得无边在,又见归鸦夕照中。"凌畹的画今已不见,庄澹庵的诗却使我们对画境有所测知。这首诗描写的就是中国古代绘画"枯木寒鸦"式的境界。寒冬里凄然的天幕下,枯木兀然而立,一丛丛绿筠点缀其中,更显得苍茫幽寂,一群归鸦在夕照中返回它们的家园。现代美学家宗白华曾就"低回留得无边在,又见归鸦夕照中"两句诗,谈中国艺术的时空

明　戴进　雪归图　167.6×82.6厘米　纽约大都会艺术博物馆藏

意识，认为中国艺术家有一种俯仰流盼宇宙的意识，我们的目光向无边的世界拉去，又从无边的世界回到近前，俯仰舒卷，优游自得。

说了暮鸦，我们再说宾鸿。《礼记·月令》："季秋之月，鸿雁来宾。"这句话可能是"宾鸿"一语的语源，它也引发后来艺术家关于存在命运的思考。

鸿，是一种品性高洁的鸟，我们常以"惊鸿一瞥"来形容恍惚而飘缈的美，以"雪泥鸿爪"来形容人生的闪烁不定，以"飞鸿灭没"形容若有若无的空灵之美。三国时魏哲学家嵇康有诗云："目送归鸿，手挥五弦。俯仰自得，游心太玄。"[1]其中所表露出的人格境界，读之使人心旌摇荡。而飞鸿能引起如此美妙的联想，都是因为这鸿是"宾"，它是一个"客"，一个居无定所的飘零者，一个永远在寻找归程的神秘的鸟。元代曲作家贯云石《塞鸿秋》云："战西风，几点宾鸿至，感起我南朝千古伤心事"，写的就是这意象。

《诗经·小雅·鸿雁》是一首绝美的诗篇："鸿雁于飞，肃肃其羽。之子于征，劬劳于野。爰及矜人，哀此鳏寡。鸿雁于飞，集于中泽。之子于垣，百堵皆作。虽则劬劳，其究安宅？鸿雁于飞，哀鸣嗷嗷。维此哲人，谓我劬劳。维彼愚人，谓我宣骄。"诗由孤独的鸿雁，写孤独者的漂泊，一个无人垂怜的生命。他为别人盖房子，自己却无房可住。他没有生命的居所，是一只永远在寻求着家园的鸿雁。鸿鸟抖动着羽毛，在水边沼泽地里停留，在永无止境地寻觅着，但就是无法改变"身世自悠悠"的命运。理解他的人，说他很辛劳，不理解他的人，说他是无病呻吟。

李商隐的"欲问孤鸿向何处，不知身世自悠悠"[2]，乃由《鸿雁》一诗转来。秋天来了，夕阳楼上，落叶飘飞，一片东来一片西，又见孤鸿飘缈天际外，诗人突然感到人生流转成

①见《嵇中散集》卷一，《兄秀才公穆入军赠诗十九首》之一，原诗云："息徒兰圃，秣马华山。流磻平皋，垂纶长川。目送归鸿，手挥五弦。俯仰自得，游心太玄。嘉彼钓叟，得鱼忘筌。郢人逝矣，谁可尽言？"

②李商隐《夕阳楼》诗云："花明柳暗绕天愁，上尽重城更上楼。欲问孤鸿向何处，不知身世自悠悠。"（《李义山诗集》卷六）

蹉跎。孤鸿飘飞何处，当然是飞向归程。伍诗人以为，人生哪有个归程，故园只是一个飘缈的空间，家乡只是曾居的场所，一切的追求都是似有似无，雪泥鸿爪，哪里有个永久的居处，一切都是短暂的寄托罢了。归飞的孤鸿啊，归行何疾又为哪般？飞鸿是天地的宾客，人又何尝不是。

宋元以来画家喜欢画宾鸿，时节宾鸿点暮汀，成了画家热衷于创造的境界，都在突出人生"宾"的命运。宋人陈允平有《己酉秋留鹤江有感》诗云："宾鸿几过淀山湖，夜夜西风转辘轳。苜蓿草衰江馆静，枇杷叶老石泉枯。曲终明月闲歌扇，病去寒灰满药炉。客梦不堪千里远，故园篱菊正荒芜。"[1]作者亲身所感，写由宾鸿引发的流连人生的客路酸辛。

拘泥于宾鸿的命运，叹息，哀伤，那是没有用的，还不如纵浪大化之中，得失不萦于心，反而有心灵的解脱。清画家戴醇士题画跋有：

> 烟江夜月，万顷芦花。领其趣者，惟宾鸿数点而已。[2]

我们看到宾鸿的潇洒、宾鸿的放逸。暮霞千万状，宾鸿次第飞。这里没有欲归的怅惘，却有生命灿烂展现的欢喜，如晚霞漫天，生烟万状，人生是一次没有归途的旅行，即使是生命的最后霞光，也要让它璀璨地呈露。

北京故宫博物院所藏《雪渚惊鸿》图卷，并书谢惠连《雪赋》，作于1538年，是明代吴门画派陈白阳的杰作[3]。此为白阳晚年的作品，引首有白阳所书"雪渚惊鸿"四字，既是此画之题，也道出了此画的风味。这幅画冷雪渚惊鸿不粘不滞的特点表现得非常好。白阳有题识云："戊戌夏日，苦于酷暑，展卷漫扫雪图，因简《文选》，得谢惠连《雪赋》并书之，持翰意想，已觉寒气自笔端来矣。"王世贞说："枝山书

[1] 《西麓诗稿》，见陈思《两宋名贤小集》卷三百十五。

[2] 《习苦斋画絮》卷二。

[3] 陈道复（1483—1544），初名淳，字道复，后以字行，改字复甫，号白阳山人。江苏吴县人。与徐渭并为明代写意花鸟的代表人物。工书擅画，绘画以花鸟见长，山水也有很高成就，尝师于文徵明。

法，白阳画品，笔墨中飞将军也。"此作书与画交相映衬，乃风华绝代之作。夏日画雪，画心中之雪，招高天之凉意。画雪渚惊鸿灭没之状，皑皑白雪中，有山村隐约其间，寒溪历历，雪坡中有参差芦苇，一片静谧澄明，高天中有飞鸿点点，给人以雪梦生香的感觉。

戴熙有论画语云："寒塘鸟影，随意点笔。一种荒寒境象，可思可思。"揣度白阳此作中要表现的境界，独有思致在焉。形式上的不粘不滞，突出了精神上无住无念的特点，是这位崇仰佛法的画家追求的大境界。

暮鸦和宾鸿这两种鸟，乌鸦是黑色的，鸿鸟是白色的，黑白世界，在中国艺术家的色谱中，是无色的，象征着简单和纯净。飞翔于天际的暮鸦与宾鸿，虽在黄昏中飘零，虽然它们是天地间的一群"寄儿"，但当它们汇入昊昊苍天，汇入暝色的世界中时，它便与这世界同在，俯仰于这永恒的宇宙中，便拥有了从容。放旷世界，哪个天际不是家。

这从容和洒落，是由融入自然、融入天宇而获得的。

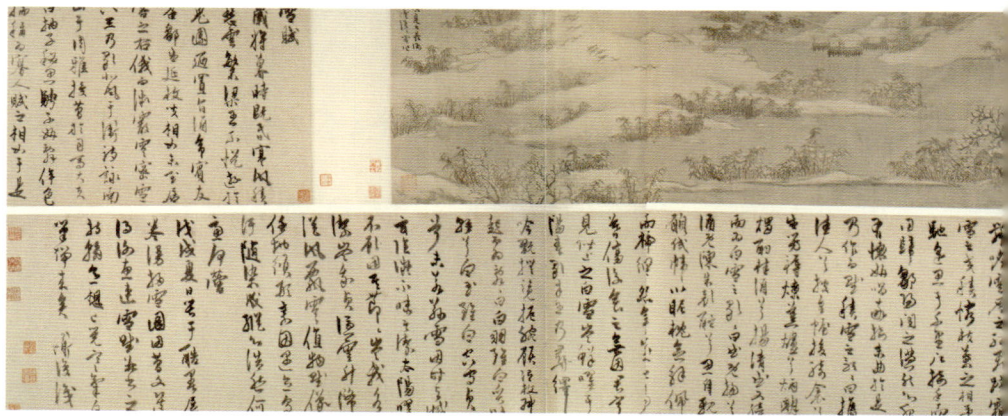

明　陈道复　雪渚惊鸿图卷　28.8×559.2厘米　北京故宫博物院藏

五　好雪片片

生活处处都有美，只是我们看不见而已，我们抱着理性的头脑、知识的观念，处处都去追逐，处处都去较真，那就无法发现这世界的美。其实，现实生活中很多人对眼前的"好雪片片"视而不见，纠缠在利益中、欲望中、没有终极的理性计较中，生活的美意从我们眼前滑落。不是世界没有美，而是我们常常没有看这美的眼睛。

唐代的庞居士对禅有精深的理解，他是药山惟俨大师的弟子。一次他到药山那里求法，要告别时，药山命门下十多个禅客相送。庞居士和众人边说边笑，走到门口，推开大门，但见得漫天大雪，纷纷扬扬，乾坤正在一片混莽中。众人都很欢喜。庞居士指着空中的雪片，不由得发出感慨："好雪片片，不落别处。"有一个全禅客问道："那落在什么地方？"被庞居士打了一掌。

这是禅宗中最美妙的故事之一。庞居士的意思是，好雪片片，在眼前飘落，你就尽情领纳天地间这一片潇洒风光。好雪片片，不是对雪作评价，作评价，就是将雪作为对象，而是一种神秘的叹息，在叹息中融入雪中，化作大雪片片飘。不落别处，他的意思不是说，这个地方下了雪，其他地方没有下。他不以"处"来看雪，"处"是空间；也不以"时"来看雪，如黄昏下雪、上午没下之类的描述，以时空看雪，就没有雪本身，那就是意念中的雪，那是在说一个下雪的事实。好雪片片，不落别处，就是当下即悟。它所隐含的意思是，生活处处都有美，只是我们看不见而已，我们抱着一个理性的头脑、知识的观念，处处去追逐，处处都去较真，那就无法发现这世界的美，像这位全禅客。其实，现实生活中多有全禅客这样的人。他们对眼前的"好雪片片"视而不见，纠缠在利益中、欲望中、没有终极的理性计较中，生活的美意从我们眼前滑落。不是世界没有美，而是我们常常没有看这美的眼睛。

在说上面这个故事时，我正看到好雪片片在中国画的园囿中纷纷扬扬地飘落。

今藏于台北故宫博物院的《雪溪图》，据传是王维的作品，绢本，水墨，纵36.6厘米，横30厘米。王维曾说："夙世谬词客，前身应画师。"[①]他是一个高明的诗人，但似乎更愿

① 唐朱景玄《唐朝名画录》："王维，字摩诘……其画山水松石，踪似吴生，而风致标格特出。今京都千福寺西塔院有掩障一合，画青枫树一图。又尝写诗人襄阳孟浩然马上吟诗图见传于世。复画辋川图，山谷郁郁，盘盘云水飞动，意出尘外，怪生笔端。尝自题诗云：'夙世谬词客，前身应画师。'其自负也如此。"

唐　（传）王维　雪溪图　36.6×30厘米　台北故宫博物院藏

意做一个画家。画史上，王维的名气很大，他被当作南宗画的始祖，他的画后人的摹作很多。这幅《雪溪图》应该是一幅摹作，从画面的笔墨和气氛看，比较接近画史上对王维作品风格的描绘。上有北宋赵佶题写"王维雪溪图"五个瘦金体大字，所以摹本的时代当在北宋或北宋之前，是一幅早期水墨山水画的杰作。

读此画有一种深深的安宁感，真可谓笔墨宛丽，气韵高清，凡尘不近。画的中段为溪流，溪流中有个小渔舟，小舟的篷面为皑皑白雪所覆盖，两个打鱼人忙碌着，两边则是雪岸绵延，近手处着一座小桥，沿小桥向前，便是溪岸，溪岸边屋舍俨然，参差老树当风而立，树枝上也染上了白色。隔岸则有平冈陂陀，若隐若现的村落，也在白雪笼罩中。此图远远超出于冬天打鱼这一实景叙述，而着意表现冬雪茫茫的意境，表现雪意中的平和、澄澈和幽深，与王维钟爱的倾向于道禅意味的诗意境界相合。

王维生平好画雪，可以说是一位画雪专家。他的雪景图，仅见宋徽宗朝《宣和画谱》的著录，就有二十余幅。他也可以说是中国画史上第一个将雪景作为主要表现对象的画家。今见其雪图，除了《雪溪图》之外，尚有《江干初雪图》、《长江积雪图》（皆为摹作）。雪似乎是他画中的重要道具。

传说他曾画过《袁安卧雪图》，画雪中芭蕉，后来成了一桩画学公案，因为芭蕉不可能在冬天出现，后人对此有种种解读。其中清人金农的理解最接近王维之意。金农说："王右丞雪中芭蕉，为画苑奇构，芭蕉乃商飙速朽之物，岂能凌冬不凋乎。右丞深于禅理，故有是画，以喻沙门不坏之身，四时保其坚固也。"（《冬心画跋》）金刚不坏，不在其外在。就外在世界而言，即使是有金刚之身，最终也会消损，而人的心灵，人的心灵中的根性不动，方是不坏之本。《袁安卧雪图》通过时空的秩序重置，所强调的正是此一道理。

五代南唐的巨然是一位画雪的高手①，他的《雪图》，今藏台北故宫博物院，绢本，水墨，画的是深山雪霁之景，深山中，一片茫茫，如宇宙初开之状。溪桥山道之间，寺宇半露，向上以浑厚的线条画出远山，雪意茫茫，浑厚华滋。又有古松若干，卓立于冷逸世界中。这幅画是白的，又是香的。在这里，不仅山净，树净，那陂陀间的一溪寒水，也分外明净。雪后时分，行旅几人，轻盈地朝着深山走去，掩映在半山中的寺院，就是他们的目的地。他们走向明净，走向幽深，走向香界，远离尘世的纷扰。王羲之"快雪时晴"的感觉，在这幅画中可以见出。

①巨然，是一位僧人山水画家，生卒年不详，钟陵（今属江西南昌）人。早年在江宁开元寺出家，南唐降宋后，随李煜至开封，居开宝寺。山水师法董源，二人画法传统被后人称为"董巨"，成为宋画的范式。

五代　巨然　雪图　103.5×22.5厘米　台北故宫博物院藏

元　黄公望　九峰雪霁图　117×55.5厘米　北京故宫博物院藏

巨然《雪图》可以以"高松飘白雪，深寺掩香灯"来评价。巨然是个僧人画家，这幅山水其实表达的是对佛的信心。对于禅师来说，雪意味着空，它是没有装饰的本色世界，是没有被染污的净界。

元四家之一的黄公望，也是画雪的高手。北京故宫博物院收藏的《九峰雪霁图》，绢本，墨笔，是他的画雪杰作。黄公望善于画高耸的山峦，在中国画史上，最得浑厚之妙，人多以"浑厚华滋"评之。画作于他八十一岁之时，这幅画老辣中见温柔。画不似王维平远的山势，而是画山峰林立，所谓"九峰"者，多峰也。山峰一一矗立，欲与天公试比高。远视之，又如冰凌倒悬，给人以奇警特出的感觉。黄公望画的是一个琉璃世界，一个玉乾坤。大雪初霁，山峰静穆地沐浴在雪的拥抱之中。山峦以墨线空勾，天空和水体以淡墨烘出，以稍浓之墨快速地勾画出参差的小树，而山峰下的树枝如白花一样绽放，笔势斩截，毫无拖泥带水之嫌，法度谨严。雪是冷的，但大痴画来，却有玉的温润、透灵。这通体透灵的琉璃世界，居然是用水墨画出，真是不可思议。石涛曾说："混沌里放出光明。"这幅画正可当之。正是：山空有云影，梦暖雪生香。在这冷世界中，使人体会到庄严静穆的神性。

世界上很少有哪个民族不喜欢雪，大雪飘飞，白雪皑皑，人在这样的氛围中，容易忘记尘世的烦躁，产生一种超越的感觉；雪是干净的，而人们平时生活很容易沾染上污浊的东西，在雪中，我们似乎将心灵洗涤了一番，有诗道："皑如山上雪，皎若云间月。"[①]雪是清净身；雪是冷寂的，给人凄凉的感受，使人有深深的内心体验，和这个充满戏剧般喧闹的世界形成鲜明的对比，在雪中，人们获得心灵的安宁。唐人司空曙有诗云："闭门空有雪，看竹永无人。"[②]琉璃世界，一片静寂，深心独往，孤意自飞。空灵中有清净，有永恒的宁

①汉乐府六首之一，见《玉台新咏》卷一。

②《过胡居士睹王右丞遗文》，《全唐诗》卷二百九十二。

静。雪给人带来性灵的怡然。

雪是一个安宁的世界，一个安顿性灵的世界。南宋梁楷的《雪景山水图》，今藏日本东京国立博物馆（足利义满家族旧藏），绢本，设色，纵110.8厘米，横50.1厘米。画缅邈无垠的雪境，乾坤浑蒙，白雪漫漫，笔致柔和，风格细腻，和梁楷的其他一些作品风格不同，将雪的温柔神秘的特点表露出来。图采用对角线构图，中有二胡人骑马，山高而人小，突出于荒天雪地中人境的渺然空阔。行者没有那种匆匆赶路的神情，而是静静地沐浴在一片宁静神秘的氛围中。

对于中国画家来说，雪是一个至为丰富的体验世界，一个能彰显人的生命感受和情绪意志的对象。文徵明说："古之高人逸士，往往喜弄笔作山水以自娱，然多写雪景者，盖欲假此以寄其岁寒明洁之意耳。"[1]清恽南田说："雪霁后写得天寒木落，石齿出轮，以赠赏音，聊志我辈浩荡坚洁。"[2]这都点出了雪画的情感寄托的特征。白雪连绵，荡尽污垢，在雪意阑珊中，使画家不落凡俗，从而自保坚贞、自存高迥。画雪反映了中国画家的超越情怀。明王稚登赞赵大年《江干雪霁图》有"皎然高映"之趣，有"人在冰壶玉鉴中"之感，就是就超越情怀而言的。

如唐寅的《雪山会琴图》是其山水画杰作[3]，大立轴，淡着色，画高山邃谷，白雪皑皑，崎岖的山路上，一人骑驴，童子抱琴随后。山林深处，晴雪满汀，有一茅屋，屋中有二人围炉煮茶，静候来者。唐寅自题诗云："雪满空山晓会琴，耸肩驴背自长吟。乾坤千古兴亡迹，公是公非总陆沉。"[4]

在中国画家眼中，雪更是妙的，就是说雪中有妙意。他们常常将自己的哲思寄寓于雪中。我们注意到，对雪有偏爱的画家多是僧人画家，如巨然等，或是倾向于佛教尤其是禅宗情趣的画家，如王维、关仝等。在禅宗中，雪意味着一种

[1]《文待诏自跋关山积雪长卷》，引见《珊瑚网》卷三十九名画题跋十五。

[2]《南田画跋》。

[3]此图今藏上海博物馆，未系年，当是其晚年成熟时期作品。

[4]唐寅此类作品还有1519年秋所作《会琴图》等。清陈焯《湘管斋寓赏编》卷六著录，其上自题诗云："黄叶山家晚会琴，斜桥流水路阴阴。东西南北鸡豚社，气象粗疏有古心。正德己卯秋苏台唐寅。"

南宋 梁楷 雪景山水图 110.8×50.1厘米 日本东京国立博物馆藏

明　唐寅　雪山会琴图　117.9×31.8厘米
上海博物馆藏

大智慧。有僧问:"如何是摩诃般若?"清耸禅师道:"雪落茫茫。"①摩诃是大,般若是智慧。大智慧就是雪落茫茫。佛教中以雪山喻"大涅槃"。禅宗是反对比喻象征的,道不可比,但并非绝对。雪就是禅宗中一个很重要的喻象。在佛教中,有这样的说法,说是释迦牟尼在过去世到雪山修行,所以被称为"雪山童子"。这样的比喻当然与清净法身有关。传禅宗中的牛头法融开堂讲《法华经》,讲得素雪满阶,群花自落。茫茫的雪意是智慧的渊海,它沉稳、内敛、深邃、平和、空无。我想在上举三幅画中,似乎都体现了对这大智慧的追求,那空明、清净的智慧世界,原是画家心灵之法身。

在中国艺术中,雪具有感发人心的功能,因而,它往往具有和酒同等的作用,催发意兴,激荡生命。传为黄公望所作《剡溪访戴图》,今藏云南省博物馆,颇有大痴意境。画的是东晋时的一个故事。东晋名士王徽之,就是那位爱竹成癖、以至说出"何可一日无此君"的诗人。他在山阴时,一天夜雪,他命家人打开门窗,对雪酌酒,四望皎然。酒后院中踱步,咏着左思的招隐诗,咏到"何必丝与竹,山水有清音"时,忽然想到正具有此一境界的友人、大雕塑家戴逵(字安道)。此时戴在剡溪(今嵊州),离山阴有百里之路,他却命家人驾小舟前去访问,小舟几乎在雪溪中走了一夜,快到了戴的住所,他命船家返回。人问其故,他说:"吾本乘兴而行,兴尽而返,何必见戴!"②这是何等潇洒倜傥的人生格调。他解除的是目的,高扬的是"兴"——生命的悸动,夜、酒、诗、友情,再加上雪,这就是他的兴发感动,他有不可遏止的生命冲动。

或许人的生命本来蛰伏的东西太多,我们原以为自己平庸、乏味,原以为自己道不如人,其实,人人的生命都有灵光,雪的映照,使灵光跃现出来,原来,这里也可以灵光绰绰。

元　黄公望　剡溪访戴图　74.6×55.3厘米　云南省博物馆藏

诗思在灞桥风雪中驴子上，这是中国诗学中一个由来已久的话题。灞桥，在西安东，近年灞桥遗址出土，那个令千年前无数人断肠的地方，浮出了历史的水面。那里曾是唐代西安人送别的地方，人称销魂桥。乱云低薄暮，流风回舞雪，孤独的游子在万般无奈中踏上路程，放眼望，苍天茫茫，乾坤中空无一物，只有一条瘦驴在彷徨。正所谓：人烟一径少，山雪独行深。此情此景，怎能不勾起生存之叹，怎能不产生命运的恐慌。诗意的大门被这寂寞撞开。

画家常以此为画题。北宋李成的《寒林骑驴图》，就是表现这种境界的作品。此作曾经张大千所收藏，上有"大风

北宋 李成 寒林骑驴图 161.9×100.3厘米 纽约大都会艺术博物馆藏

堂供养天下第一李成画"的题签,今藏纽约大都会艺术博物馆。此画大立轴,绢本,淡设色,乃李成生平杰作。占画面很大分量的是古松,从右边侧出,直插画面,有撑天挂地的气势,树干劲挺,气象萧瑟,残雪历历其上。天寒地冻,大河滞断冰流,暮色苍茫,大雪飘飞,苍天混莽一片,大地失去姿容。溪岸上白雪皑皑,一人骑着瘦驴,目光惊悚,前后有二童子。真是路出寒云外,人发暮雪中。寒气凛凛. 如在雾中。明吴伟的《灞桥风雪图》,今藏北京故宫博物院,画的也是灞桥风雪中的送别场面。在寒冷的风雪中,那条瘦驴、窄窄的小桥、远行者伤感的神情以及这寂寞的天地令人印象深刻。

明 吴伟 灞桥风雪图 138.1×106厘米 北京故宫博物院藏

明　吴伟　踏雪寻梅图　101×182厘米　安徽博物院藏

宋　（传）马远　探梅图　27.2×29.2厘米　日本冈山县藏

在中国艺术的语汇中，雪总是和人的精神境界联系在一起的。踏雪寻梅，是传统文人艺术中的重要话题，出自唐代诗人孟浩然之事，雪与梅花为一色，雪后寻梅，茫茫一片，难觅踪迹，唯有暗香可知。故此一诗题画题所要表达的正是超出形貌之外的气象境界的追寻。梅为淡逸之主也，雪后之梅，更突出幽淡高逸的趣味，这样的境界追求可谓文人艺术的当家本色。宋人陈起有诗云："踏雪寻梅兴未偿，衣襟赖有来年香。"[1]所言正是此中境界。

吴伟的《踏雪寻梅图》今藏安徽省博物馆，绢本，是一高近两米的大幅立轴，乃小仙中年后作品。此画画一人雪后拖着拐杖，踏着大雪，过小桥，小桥下雪水潺潺，乱石参差，寻梅归来，后有一童子抱琴随之。桥头有一户人家，傍山而居，山坡上却有老树数株，枝干虬曲。高耸的山峰以乱笔扫出，山头野树上积满了雪，山下丘壑纵横，林海古刹在一片雪海中隐现，很有精神。在静绝尘氛的境界中，在白雪皑皑的天地中，人寻梅抱琴而归，小仙虽无言，但精神气度跃然绢上。

六　山静日长

中国哲学原本强调于极静中追求极动，从急速奔驰的时间列车上走下，走入静绝尘氛的境界，时间凝固，心灵从躁动归于平和，一切目的性的追求被解除，人在无冲突中自由显现自己，一切撕心裂肺的爱，痛彻心腑的情，种种难以割舍的拘牵，处处不忍失去的欲望，都在这种宁静中归于无。

明末大收藏家卞永誉，博物通古，每评画，多有识见。他在评北宋范宽的《临流独坐图》时，认为此图"真得山静日长之意"①。"山静日长"蕴涵着中国艺术的一篇大文章，它突出了"静"在中国画中的地位。

黄公望说："诗要孤，画要静。"这里包含着深刻的人生体验。

关于"山静日长"，历史上曾有热烈的讨论。它始于北宋唐庚的一首《醉眠》诗，诗这样写道："山静似太古，日长如小年。余花犹可醉，好鸟不妨眠。世味门常掩，时光簟已便。梦中频得句，拈笔又忘筌。"②唐庚（1070—1120），字子西，四川眉山人。哲宗年间进士，曾事徽宗朝。他是一位非常有学问的诗人，其《醉眠》当时就被传为警句。宋罗大经写道："唐子西云：'山静似太古，日长如小年。'余家深山之中，每春夏之交，苍藓盈阶，落花满径，门无剥啄，松影参差，禽声上下，午睡初足，旋汲山泉，拾松枝，煮苦茗啜之。……出步溪边，邂逅园翁溪友，问桑麻，说粳稻，量晴校雨，探节数时，相与剧谈一饷。归而倚杖柴门之下，则夕阳在山，紫绿万状，变幻顷刻，恍可人目。牛背笛声，两两来归，而月印前溪矣。味子西此句，可谓妙绝。然此句妙矣，识其妙者盖少。彼牵黄臂苍，驰猎于声利之场者，但见衮衮马头尘、匆匆驹隙影耳，乌知此句之妙哉！"③他在唐子西的诗中识得人生的韵味，体会到独特的生命感觉，他以自己的生命体验来印证此诗境。

时间是一种感觉。阳春季节，太阳暖融融的，我们感到时间的流淌也慢了下来。苏轼有诗谓："无事此静坐，一日似两日。若活七十年，便是百四十。"④在无争无斗、淡泊平和的心境中，似乎一切都是静寂的，一日有两日，甚至片刻有万年的感觉。正像一位元代诗人所云："懒出户庭消永日，花开花落罔知年。"⑤

①见《式古堂书画汇考》卷四十一。

②唐庚《眉山唐先生文集》卷五，《四部丛刊》三编本。

③《鹤林玉露》卷四。

④苏轼《司命宫杨道士息轩》诗，见《苏轼诗集》卷四十三（见中华书局1982年出版孔凡礼点校本，2352页）

⑤元郑明德题钱选《浮玉山居图》诗中之语，引见《珊瑚网》卷三十一。

①此图曾见
《庚子销夏记》卷
三、《墨缘汇观》卷
三、《古缘萃录》卷
四等著录，为唐寅生
平重要作品。

山静日长，后来成为中国绘画的一个母题。佳士得纽约1989年6月中国古画拍卖会上，见唐寅《山静日长》图册①，共十二页，绢本，设色，每开纵172.5厘米，横56厘米。图乃唐寅为无锡华云（补庵）所作，每开对题有王阳明书上引罗大经《鹤林玉露》语，分列于十二开之侧。后有华补庵跋叙其原由："中秋凉霁，偶邀唐子畏先生过剑光阁玩月，诗酒盘桓，将浃旬，案上适有《玉露》山静日长一则，因请子畏约略其景，为十二幅。寄兴点染，三阅月始毕。而王伯安先生来访山庄，一见叹赏。乃复恳惠伯安为书其文。竟蒙慨许，即归舟中书寄作竟日……"此册页取景甚简，重在突出静寂渊默的气氛，有明显的讽咏生命的含义，《石渠宝笈三编》还载有唐寅《山静日长》图轴②，设色画山深林密，书斋中展卷静坐，桥外溪边有渔竿牧笛，意致幽闲。自题有诗云："初夏山中日正长，竹梢脱粉午窗凉。幽情只许同麋鹿，自爱诗书静里忙。"也是同样格调。

清初安徽画派画家程邃（1605－1691），字穆倩，号垢道人，画山水喜用焦墨干笔，浑沦秀逸，自成一家。他是名扬天下的篆刻大家，融金石趣味于绘画之中，其画笔墨凝重，于清简中见沉厚。上海博物馆藏有他的山水册页，十二开，这是他八十四岁时的作品，风格放逸。其中一幅上有跋云："山静似太古，日长如小年。此二语余深味之，盖以山中日月长也。"这幅画以枯笔焦墨，斟酌隶篆之法，落笔狂扫，画面几乎被塞满，有一种粗莽迷蒙、豪视一世的气势。表面看，这画充满了躁动，但却于躁中取静。读此画如置于荒天迥地，万籁阒寂中有无边的躁动，海枯石烂中有不绝的生命。

在中国哲学与艺术观念中，有三种不同的"静"，一是指环境的安静，它与喧嚣相对；二是指心灵的安静，不为纷纷扰扰的事情所左右；三是指永恒的宇宙精神，它是不动

明　唐寅　山静日长图册　172.5×56厘米　1989年佳士得拍卖

明　唐寅　山静日长图册　172.5×56厘米　1989年佳士得拍卖

清　程邃　千岩竞秀图　29.5×22.7厘米　浙江省博物馆藏

的，没有生灭变化感；不为外在因素所搅乱，有一种绝对的平和。这种静，是一至深的宇宙境界。

前两种静很好理解，第三种静却不易把握。我们可由韦应物一首绝句来体会其精神。韦氏《咏声》诗说："万物自生听，太空恒寂寥。还从静中起，却向静中消。"诗中所言寂寥境界，是宇宙永恒的境界，它不增不减，不生不灭；它只在静中存在；在这至静至深的寂寥中，万物自生听，一切都活泼泼地呈现。这大致反映了中国艺术追求静气的基本内涵。

其实，这是中国哲学中的思想。老子说："致虚极，守静笃。万物并作，吾以观复。夫物芸芸，各复归其根，归根曰静，是谓复命。"归复生命的本根，或者说生命的本然状态，叫做静，静是大道之门，不是人们通常所说的环境安静和心情平静。庄子哲学中也有类似的论述。庄子将悟道所达到的最高境界称为"撄宁"，所谓"撄宁"，就是使心灵彻底宁静，达到无生无灭、无古无今的状态。佛教所说的"寂"，就是静，《维摩诘经》说："法常寂然，灭诸相故。"又说："寂灭是菩提。"断灭烦恼，归复寂静之本然状态，佛教将此称为"寂静门"。

中国艺术"山静日长"的母题，所强调的正是这第三层次的静，它是一种永恒的寂静，也就是我们今天所说的宇宙感。所谓宇宙感，不是宇宙创造的法则道理，而是超越时空的活泼的生命精神，这种生命精神与人的直接生活体验有密切关系。这永恒的寂静，与外在的安静、心灵的平静有关，但又不能用此二者去代替它。

中国文人画所追求的"静气"，其妙意正在于此。

倪云林《容膝斋图》，今藏台北故宫博物院，是云林生平的重要作品。此画的构图并没什么特别，是云林典型的一河两岸式的构图，画面起手处几块顽石，旁有老木枯槎数

元　倪瓒　容膝斋图　74.7×35.5厘米　台北故宫博物院藏

林，中部为一湾瘦水，对岸以粗笔勾出淡淡的山影，极荒率苍老。这样的笔墨，真要榨尽人们的现实之思，将人置于荒天迥地之间，去体验超越的情致。一切都静止了，在他凝滞的笔墨下，水似乎不流，云似乎不动，风也不兴，路上绝了行人，水中没了渔舟，兀然的小亭静对沉默的远山，停滞的秋水，环绕幽眇的古木，静绝尘氛，也将时间悬隔了。这就是永恒的寂静。

倪云林题钱选《浮玉山居图》诗道："何人西上道场山，山自白云僧自闲。至人不与物俱化，往往超出乎两间。洗心观妙退藏密，阅世千年如一日。"山静日自长，千年如一日，这就是云林理解的永恒，永恒感不是抽象的道、玄奥的终极之理，就是山自白云日自闲，青山自青山，白云自白云，心不为物所系，从容自在，漂流东西，就是永恒。永恒就在当下。

明初王汝玉题倪云林《溪山图》云："逍遥天地一闲身，浪迹江湖七十春。惟有云林堂下月，于今曾照昔年人。"[1]王汝玉（名璲，以字行，苏州人）乃云林密友杨维桢的学生，素喜云林之作。他从云林画中看出了"人生代代无穷已，江月年年望相似"的永恒精神。

佛教将时间分为三际：过去，现在，未来。时间在流动，转眼就是过去，人们具体的生活是在时间中展开的，时间裹挟着欲望，岁月昭示出生命的短暂。时间催促着人，时间也会引起人的嗟叹。有很多中国艺术家看到这一点，他们要"断三际"，要"高蹈乎八荒之表，抗心乎千秋之间"，要挣脱时空的束缚，放飞自己；要揭开时间之皮，看看其中所隐藏的是个什么样的世界。

中国哲学原本强调于极静中追求极动，从急速奔驰的时间列车上走下，走入静绝尘氛的境界，时间凝固，心灵从躁动归于平和，一切目的性的追求被解除，人在无冲突中自

①《珊瑚网》卷三十四。

① 《栾城集》
卷十六，《题李公
麟山庄图》二十首之
一。

② 《自题四景
山水》，《珊瑚网》
卷三十八。

③ 见录于
《石渠宝笈》卷
三十九。

④ 据文徵明
《甫田集》卷三。

由显现自己，一切撕心裂肺的爱，痛彻心腑的情，种种难以割舍的拘迁，处处不忍失去的欲望，都在这种宁静中归于无。如苏辙诗中所说："此心初无住，每与物皆禅。"① 心灵无迁无住，不粘不滞，不将不迎，时间的因素荡然隐去，此在的执着烟飞云散，此时此刻，就是太古，转眼之间，就是千年。千年不过是此刻，太古不过是当下。

沈周对山静日长的境界，有很深的体会。他有诗云："碧嶂遥隐现，白云自吞吐。空山不逢人，心静自太古。"② 他在《策杖图轴》中题诗道："山静似太古，人情亦澹如。逍遥遗世虑，泉石是安居。云白媚崖客，风清笋木虚。……"③ 沈周一生在吴中山水中徜徉，几乎足不出吴中，这样的地理环境对他的画也产生了影响。在太湖之畔，在吴侬软语的故乡，在那软风轻轻弱柳缠绵的天地，艺术也进入了宁静的港湾，吴门画派的静，和地域显然是有关系的。

"马蹄不到清阴寂，始觉空山白日长"④，这是文徵明的题画诗。作为明代吴门画派的领袖，文徵明是一个具有很深哲思的艺术家，不同于那些只能涂抹形象色彩的画匠们。他

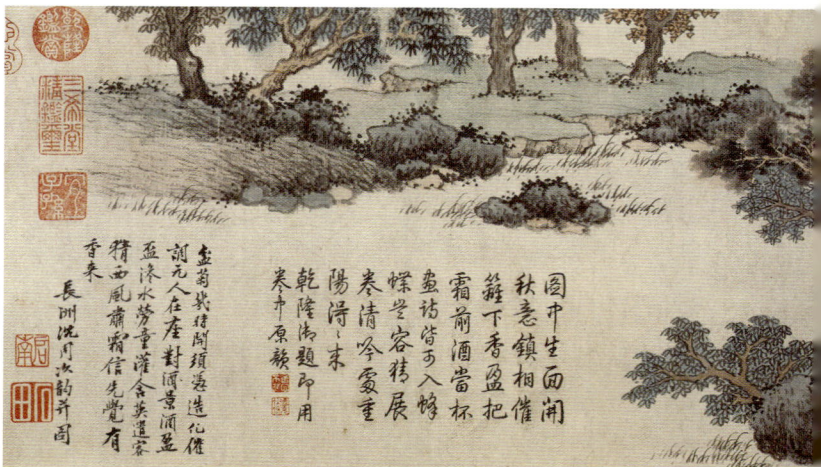

生平对道禅哲学和儒家哲学有较深的浸染。他的画有一种哲理的色彩，不是说他用画来表达观念，而是说他以画来传达对宇宙人生的理解，不是以形写形，以色貌色。

文徵明的画偏于静，他自号"我亦世间求静者"——他是世界上一个追求静寂的人[①]。为什么他要追求静寂？因为在静寂中才有天地日月长。静寂不仅和外在世界的闹剧形成对比，静寂中也可对世间事泊然无着染，保持灵魂的本真。静寂不是外在环境的安静，而是深心中的平和。在深心的平和中，忘却了时间，艺术家与天地同在，与气化的宇宙同吞吐。他说，他在静寂中，与水底行云自在游。

文徵明有一位收藏家朋友华中父，华氏有真赏斋，文徵明曾为其两作《真赏斋图》，两图今都存于世，一藏中国国家博物馆，作于其八十岁之时；八年后，又重画此图，该图今藏上海博物馆。后者虽然笔法更加老辣，但二画形式上大体相似，表现的境界也大体相同。在他的暮年，似乎通过这样的图来思考宇宙和人生。上海博物馆所藏《真赏斋图》，画茅

① 文徵明有题山水小诗云："扁舟自有江湖兴，眼底何人得此闲？我亦世间求静者，久撄尘梦负青山。"(《式古堂书画汇考》卷五十八)

明　沈周　盆菊幽赏图（局部）　86×23.4厘米　辽宁省博物馆藏

屋两间，屋内陈设清雅而朴素，几案上书卷陈列，两老者坐对相语。正是两翁静坐山无事，静看苍松绕云生。门前青桐古树，修篁历历，左侧画有山坡，山坡上古树参差，而右侧则是大片的假山，中有古松点缀，细径曲折，苔藓遍地。所谓老树幽亭古藓香，正其境也。

正像蔡羽题文徵明的《仿李唐沧浪濯足图》所说："盘空石壁云难度，古木苍藤不计年。"① "不计年"正是此中之思。藤蔓萝薜是造园中必不可少的，它也常入画家之笔中，甚至影响了书法，如赵孟頫以紫藤法写行草，吴昌硕用紫藤法写石鼓。在绘画中，画家对藤蔓的布置非常用心，如王蒙的《夏日山居图》画长松亭亭，古藤缠绕；唐棣的《古藤书屋图》，古藤在画面中盘桓，甚见古意。古木苍藤，使时间退隐了。

今藏北京故宫博物院的《绿阴清话图》，是文徵明生平著名作品。画为高远构图，近景处两人在绿荫下静坐对语，其恬淡神情跃然欲出。其上岩壑间有一小道曲折伸向山林深处，两棵老树兀立，怪石参差，间有小桥亭屋，一水泻出于两山之间，构图虽繁密，但是工整细致，境界宁静而幽远。整

①《式古堂书画汇考》卷五十八。

明　文徵明　真赏斋图　36×107.8厘米　上海博物馆藏

个画面有一种云闲水远的意味，在静境中透露出无限的生机。上有一诗道："碧树鸣风涧草香，绿阴满地话偏长。长安车马尘吹面，谁识空山五月凉。"诗画相映，突出了静寂的氛围。而其著名作品《雨余春树图》也充满着一种静气。

清恽南田甚至以"静净"二字来论画。他说："意贵乎远，不静不远也。境贵乎深，不曲不深也。一勺水亦有曲处，一片石亦有深处。绝俗故远，天游故静。"什么叫做天游？天游，就是儒家所说的上下与天地同体，道家所说的浑然与造化为一。天游，不是俗游，俗游是欲望的游，目的的游，天游，是放下心来与万物一例看。对此境界，南田曾有这样的描绘，目所见，耳所闻，都非吾有，身如槁木，迎风萧寥，傲睨万物，横绝古今。不知秦汉，无论魏晋了。

南田的画以"静净"为最高追求。上海博物馆藏有南田仿古山水册页十开，其中第十开南田题云："籁静独鸣鹤，花林松新趣。借问是何世，沧洲不可度。毫端浩荡起云烟，遮断千峰万峰路。此中鸿蒙犹未开，仙人不见金银台。冷风古树心悠哉，苍茫群鸟出空来。"南田在画中感受不知斯世为何世的乐趣。

中国山水画在一定程度上，就是为了谛听这永恒之音。五代北宋的山水画充满了荒天邃古之境，看看荆浩的《匡庐图》、范宽的《溪山行旅图》，就使人感觉到，这样的山水"总非人间所有"，纷扰的尘寰远去，喧嚣的声音荡尽，这是一片静寂的、神秘的天地。传说唐末五代的荆浩，隐居太行山之洪谷，于禅理尤有会心，当时邺都青莲寺大愚和尚向他求画，并附有一诗云："六幅故牢健，知君恣笔踪。不求千涧水，止要两株松。树下留盘石，天边纵远峰。近岩幽湿处，惟藉墨烟浓。"荆浩心领神会，作大幅水墨山水，并附诗一首："恣意纵横扫，峰峦次第成。笔尖寒树瘦，墨淡野云轻。岩

明　文徵明　雨余春树图　94.3×30.3厘米　台北故宫博物院藏

北宋　范宽　溪山行旅图　206.3×103.3厘米　台北故宫博物院藏

石喷泉窄，山根到水平。禅房时一展，兼称空苦情。"①荆浩
画的就是静寂神秘的山水，峰峦迢递，气氛阴沉，寒树瘦，
野云轻，突出深山古寺的幽岑冷寂气氛。荆浩所画的这幅图
今不见，从其流传的《匡庐图》中也可看出他的追求。

七 苇岸泊舟

在这无住的世界中，不要有一丝的粘滞，对于人脆弱的生命和短暂的栖居，可有可无难道不是一种合适的态度吗？萧瑟的芦苇，随风横斜，触动着人的神经。高卧的渔翁，在水的荡漾中，进入黑甜乡，他梦中的世界该是怎样？这世界就是一晌梦幻。

传为南宋马远所作的《寒江独钓图》，是一幅广有影响的作品，今藏于日本东京国立博物馆。绢本，设色，纵26.7厘米，横50.6厘米[1]。静谧的夜晚，淡淡的月色，空空荡荡的江面上，有一叶孤舟静横，小舟上一人把竿，身体略略前倾，凝神专注于水面。小舟的尾部微翘，旁边则是几丝柔痕，将小舟随波闲荡的意味传出。马远是画水的高手，这幅作品可见其功力。他对道禅哲学有很深的研究，此画虽简，但表达的生命感受却是丰富的。

夜深人静，冷月高悬，寂寞的秋江上悄无声息，气氛凄冷，一切的喧嚣都远去，一切争斗都荡尽，一切人世的苦恼都在冷夜的屏障抵制下退出。一丸冷月，虽然孤独，却是与渔父相依为命的精灵，冷月砌下的清辉，对这孤独的人来说不啻是一种安慰；迷蒙的夜色，为寂寞的人提供柔和的保护。小舟静静向前，偶尔激起的流水声，像是和人絮语。忽而有夜鸟掠过，留下它悠长的叫声，更衬托这江夜的空明和静寂。

[1] 此画传入日本以后，经过重新装裱，从画中所存留的痕迹看，画曾被剪裁过，可能是为了适合日本茶室的需要。上部或许有远山。但此"残图"也可构成一完整的作品，表现出特别的境界。

南宋　马远　寒江独钓图　26.7×50.6厘米　日本东京国立博物馆藏

①上海博物馆藏石涛山水册页十开，其中有一开，石涛题云："昨乾净斋张鹤野自吴门来，观予册子，题云：'把杯展卷独沉吟，咫尺烟云自古今。零碎山川颠倒树，不成图画更伤心。'又云：'寒夜灯昏酒盏空，关心偶见画图中。可怜大地鱼虾尽，犹有垂竿老钓翁。'余云：'读画看山似欲癫，并驱怀抱入先天。诗中有画真能事，不许清湘不可怜。'清湘大涤子济。"

②倪辅题吴镇《秋江独钓图》，《珊瑚网》卷三十三。

这幅《寒江独钓图》，与柳宗元"千山鸟飞绝，万径人踪灭。孤舟蓑笠翁，独钓寒江雪"的《江雪》诗，都是通过对"钓"的主题的强调，突出中国艺术中的一种境界，一种脱略凡尘、追求心灵自由的境界。

这独钓寒江的渔父，哪里是为了钓鱼，只不过是为躲过人世的风烟，躲过欲望对灵性的吞噬，在这里钓得一份清净，钓得一丝悠然，钓得一片自由，不再消受灵魂被碾压的痛苦。只不过为了避免尘俗的沾染，一潭明月钓无痕，钓出一个空明的世界来。正像石涛的朋友张少文在评石涛画时说："可怜大地鱼虾尽，犹有垂竿老钓翁。"①寒江独钓是无目的的钓，不在获取，只在悠然。名与利，付之天，笑把鱼竿上画船。"钓"中隐括性灵的执着，真正的"钓"者必痴迷，永不放弃对月光的追逐。所以，没有了鱼虾，也不放弃手中的"钓"竿，寒江独钓包含一种精神的自救。马远这幅作品中那位钓叟全神贯注的神情，分明书写着淡尽人世风烟的内涵。中国绘画渲染渔父的生活，还在于强调优游回环的心灵境界。有一首题画诗这样写道："空山灌木参天长，野水溪桥一径开。独把钓竿箕踞坐，白云飞去复飞来。"②"钓"到白云飞去又飞来，这才不愧为高明的垂钓人。

寒江独钓，作为中国艺术的一个母题，其用意很微妙。人活动的天地由陆地转到了水面，转到了舟中。老子说，上善若水。画家们说，得意在舟。在我的理解中，似乎有这样的思路：陆地是坚硬的，世俗的，那里是一切欲望展现的领地，而水面是柔软的，精神的，那里是个人心灵隐微之所。陆地是固定的（相对而言），水是流动的，舟行水中，随波荡漾，任意东西，这正是人深心的期许。画家不但喜欢将人活动的场景搬到水中，还喜欢将其搬到夜晚的水中，朗月下的水面，空明，静寂，溶溶的月色下，迷离的江雾中，人与世界神秘地融合。中国画家还特别注意独钓，月明水深独钓寒，这是高迥独立的，如一丸冷月高挂，"孤舟蓑笠翁，独钓寒江雪"，正强调这种独立性，在独立中自由，在自由中高蹈。独钓，其实是一种悬隔，拉上一道帷幕，遮挡住世俗的干扰，独得一份悠然。

中国画家用他们独特的语汇，注释着人性灵的自由。现藏于美国波士顿美术馆的《苇岸泊舟图》，是一幅颇有感染力的作品。此画水墨淡设色，画面空蒙一片，远处有一痕山影，近处右手一角，画几块碎石，芦苇几枝。芦苇随风摇摆，芦苇下，有一舟静卧，一人和衣斜躺，橹、篙凌乱地散在小舟上。画面只有右角实写，和满幅的空灵形成强烈的对比。这幅画未具名，传也是马远的作品。其画风和境界与马远是相合的。

南宋　（传）马远
苇岸泊舟图
美国波士顿美术馆藏

　　这幅画可以说简到不能再简的地步，正是道禅哲学影响下的产物，也是南宋画界比较流行的面目，梁楷、法常、玉涧、夏圭等均善此道，而马远尤精于此。此画形简而意丰，似淡而实浓。繁复的内涵被过滤，过滤得只剩下这几枝芦苇、一叶小舟、几块碎石，还有那一痕山影。画家惜墨如金至极境。

　　苇若隐若现于河岸，舟若隐若现于苇下，人若隐若现于舟中，山若隐若现于雾里，一切都影影绰绰，似有非有。画家这样的处理，就像他要过滤掉世事的风烟一样，一切都可有可无；就像这幅画要表现的深深内涵，一切都不执着。

　　在这无住的世界中，不要有一丝的粘滞，对于人脆弱的生命和短暂的栖居，可有可无难道不是一种合适的态度吗？萧瑟的芦苇，随风横斜，触动着人的神经。高卧的渔翁，在水的荡漾中，进入黑甜乡，他梦中的世界该是怎样？这世界就是一晌梦幻。萧瑟的芦苇在梦幻中，迷离的江色在梦幻中，阔远的世界都在梦幻中。最精微的是，此画中小舟不是泊于渡口，而是泊于野岸，同时，又似泊而未泊，正昭示出中国人智慧中"归亦是寄"的思想精髓。飘零的人盼望回到故乡，回到生命的岸。其实，人哪里有一个终极的故乡啊，哪里有真正的生命之岸，匆匆而来，匆匆而去，谁人能改变寄儿的命运。人在漂泊中！

　　孤独的石涛、寂寞的石涛，也对这小舟感兴趣。石涛有一幅作品，是藏于天津博物馆的粗笔山水册页中的一帧，画得很传神，是其晚年杰构。画一人坐于舟中，身体前倾，小舟在芦苇荡中行。石涛有诗道："何处移来一叶舟，人于月下坐船头。夜深山色不须远，独喜清光水面浮。"[1]石涛在渔舟中，悟出了世界的空灵廓落，悟出了人生自由的珍贵。落叶随风下，残烟荡水归，哪个汀洲不是家，哪片白云不是友。花叶

　　①《月夜泛舟图》，今藏上海博物馆。上题有此诗，款"清湘瞎尊者济"。无年款，是石涛客金陵时期的作品。

清　石涛　山水图册十开之一　天津博物馆藏

田田水满沟，香风时系采莲舟。一声歌韵一声桨，惊起白云几
片浮？荷风荡走了石涛的灵魂。

　　纽约大都会艺术博物馆藏有石涛十二开的册页，作于
1695年，是他晚年的重要作品之一。其中有一幅画，一人在
小舟中垂钓，其上题诗云："潦倒清湘客，因寻故旧过。买山
无力住，就枕宿拳宁。放眼江天外，赊心寸草亭。扁舟偕子
顾，而且不篁丁。"此画几乎可以说是石涛的自画像。这位潦
倒的清湘客，自年幼就漂泊天涯，无所沾系，他借这一叶钓

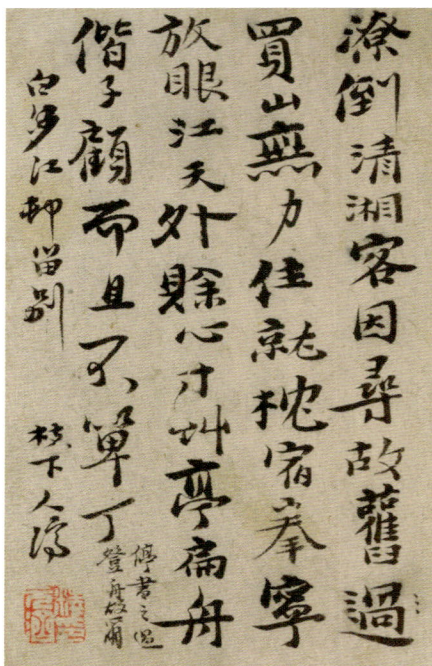

清　石涛　归棹册之一　16.5×10.5厘米　纽约大都会艺术博物馆藏

鱼舟，表现自己放眼江天的从容和孤独寂寞的自怜。

　　在中国，渔父本来就是智慧的象征。庄子也曾是一个钓叟，他在濮水钓鱼，楚王派两个大夫去见他，许以高官，庄子拿着钓竿，头也不回，说道："从前楚地有个神龟，死了已经三千年了，楚王用非常昂贵的箱子将它装起，藏在庙堂上，当作神来供奉。这个神龟是愿意死了留下骨头让人供奉呢，还是宁可活着在泥中摇尾巴？"二大夫说："当然愿意活着。"庄子说："你们回去吧！我要在泥中摇尾巴。"《庄子》杂篇中有《渔父》篇，通过"孔子"与渔父的对话，讽刺儒家欲以仁义来教化天下的积极用世观，而"渔父"则是庄学的化身，他提倡顺化一切。这两段对话中的渔父形象，都突出任运自然的思想。

楚辞中也有《渔父》一篇，屈原被放逐之后，游于江潭，行吟泽畔，颜色憔悴，形容枯槁。渔父见到他这模样，非常惊讶，就问他："你不是楚国的三闾大夫吗？怎么会弄成这个样子！"屈原说："举世皆浊我独清，众人皆醉我独醒，所以我被放逐。"渔父说："世界浑浊不清，为什么不随其流而扬其波？众人都醉了，为什么你不也去大醉一场？何苦自己弄成这个样子？"屈原说："我的干净清洁的身心，怎么能忍心为这污浊弄脏？我宁愿葬身于鱼腹，也不愿意苟活！"渔父微微一笑，摇着桨走了，从船那边传来他的歌声："沧浪之水清啊，可以濯吾缨。沧浪之水浊啊，可以濯吾足。"

我们不能责怪屈原的选择。屈原身体消失了，留下精神的清白，日月也因为这清魂而更加明亮。表面看来，渔父选择了不同于屈原的道路，但最后的归宿是一样的，都指向清明的精神之途。渔父并不是不怕被弄脏，也不是隐忍苟活，而是强调任心独往，不论江水的清浊，远离世事的风烟，淡去尘寰的是非，像一叶小舟在江上闲荡优游。赵孟頫夫人、画家管仲姬《渔父词》说："人生贵极是王侯，浮利浮名不自由。争得似，一扁舟，弄月吟风归去休。"其中反映的就是这种精神。

在中国艺术史上，人们着意将心灵活动的场所搬到了水上舟中。唐代诗人张志和，也是一位画家，不计功名，浮三江，泛五湖，扁舟垂钓，而垂钓时没有钓饵，不在得鱼，乐在烟波，过着芦中鼓枻、竹里煎茶的生活，自称"烟波钓徒"，又号玄真子。后人赞其为人气质，甚至将其与陶渊明相比，有"爱酒陶元亮，能诗张志和"的说法。有诗赞他道："好个神仙张志和，平生只是一渔蓑。和月醉，棹船歌。乐在江湖可奈何。"[①]

① 宋周紫芝拟玄真子词，见周紫芝《太仓稊米集》卷二十一。

明　朱端　寒江独钓图　171.9×109厘米　日本东京国立博物馆藏

南宋　马远　月光泛舟图　172×85厘米

他的诗也有很浓的江湖气味，朝朝诗思在烟波，诗中有烟波荡漾的美。他的《渔歌子》（又称《渔父词》）存世有五首：

> 西塞山前白鹭飞，桃花流水鳜鱼肥。
> 青箬笠，绿蓑衣，斜风细雨不须归。
>
> 钓台渔父褐为裘，两两三三舴艋舟。
> 能纵棹，惯乘流，长江白浪不曾忧。
>
> 霅溪湾里钓鱼翁，舴艋为家西复东。
> 江上雪，浦边风，笑著荷衣不叹穷。
>
> 松江蟹舍主人欢，菰饭莼羹亦共餐。
> 枫叶落，荻花干，醉宿渔舟不觉寒。
>
> 青草湖中月正圆，巴陵渔父棹歌连。
> 钓车子，掘头船，乐在风波不用仙。[1]

志和曾说："太虚作室而共居，夜月为灯以同照，与四海诸公未尝离别，有何往来？"[2]志和的"不来不去、乐在风波"的精神，几乎是水中版的陶潜风味。读这样的诗，我眼中浮现出望不尽的荷花荷叶，使人陶醉在那荷塘中。他一生画有大量的渔父图，惜今无一留存。

唐代药山大师有一弟子法名德诚，人称船子和尚。此人有放荡不羁之志，不愿意过丛林生活，日日放浪于烟水之间，以成就心灵的清洁。他常常驾着一叶小舟，泛于华亭、吴江的水上，他也在船上随缘而度，接引往来之人。有个禅师叫善会，去拜见船子和尚，船子和尚摇着小船，带他在水中飘荡。船子和尚忽然问道："垂丝千尺，意在深潭。离钩三

①此五首词附于唐人《李德裕集》之后，《全唐诗》也收录。张志和也是画家，《历代名画记》卷十："张志和，字子同，会稽人。性高迈，不拘捡，自称烟波钓徒。著《玄真子》十卷，书迹狂逸，自为渔歌，便画之，甚有逸思。"《唐朝名画录》将其与王墨、李灵省三人同列为逸品，云："张志和，或号曰烟波子，常渔钓于洞庭湖。初颜鲁公典吴兴，知其高节，以渔歌五首赠之。张乃为卷轴，随句赋象，人物、舟船、鸟兽、烟波、风月，皆依其文，曲尽其妙，为世之雅律，深得其态。"

②颜真卿《浪迹先生元真子张志和碑铭》，《全唐文》卷三百四十。

寸，你快说快说。"善会张口正准备说，被船子一篙撞到水中，他好不容易爬到船上，刚要张口，又被船子撞到水中，善会因而大悟。

他用渔父的格调，表达对禅的理解。道不可说，道在舟中，在水中，在烟波的深处，君问穷通理，渔歌入浦深。他的诗清雅可观，寓意深刻：

> 一任孤舟正又斜，乾坤何路指津涯。
> 抛岁月，卧烟霞，在处江山便是家。
>
> 别人只看采芙蓉，香气长粘绕指风。
> 两岸映，一船红，何曾解染得虚空？
>
> 揭却云篷进却船，一竿云影一潭烟。
> 既掷网，又抛筌，莫教倒被钓丝牵。
>
> 乾坤为舸月为篷，一屏云山一麈风。
> 身放荡，性灵空，何妨南北与西东。①

诗中浸透了人生智慧，他在烟波中思索人生的意义，随风飘荡，一任东西，正是禅家无住哲学的精髓。他透过迷蒙的云烟看世相，悟出了"色即是空、空即是色"的妙谛。他所咏歌的境界多么令人神往，一竿云影，一潭暮烟，满船空载月明归，诗皆可入画。他从水的喻象出发，在诗意的境界中，体会大乘佛学的要旨。

元四家之一的吴镇，号梅花道人，是一位毕生以画渔父而著称的画家，画史上记载他的《渔父图》有数十幅，北京故宫博物院、台北故宫博物院、上海博物馆、纽约大都会艺术博物馆等都收藏有他的《渔父图》。在那个压抑而肮脏

① 此诗宋代吕益柔刻石于枫泾海会寺，后于1322年（至治壬戌），由元法忍寺坦宝二上人辑，名《机缘集》，二卷，前有华亭朱泾船子和尚机缘，言其生平事迹，后有《船子和尚拨棹歌》三十九首。

元　吴镇　渔父图　111×29.7厘米　北京故宫博物院藏

的时代，他也将自己性灵的天地搬到了水中，在烟波中打发自己的生涯，挈一壶酒，钓一竿风，与群鸥往来，烟云上下，舟系月望，山光入怀，衔杯自怡，鼓枻为韵，这位梅花道人的梅花在水中绽开。

吴镇有《洞庭渔隐图》，今藏于台北故宫博物院，图写太湖岸边景色。画依左侧构图，右侧空阔一片，起手处为数棵古松，向上画茫茫的江面，一小舟，泛泛江上，若隐若现，远处山峦起伏，坡势作披麻皴，线条婉转，与挺直的松干形成对比。水面如琉璃，突出静绝尘氛的气象。上题《渔父》词一首："洞庭湖上晚风生，风触湖心一叶横。兰棹稳，草衣轻，只钓鲈鱼不钓名。"

他要做浩荡乾坤一浮鸥，在辽阔的天际自由地翱翔。今藏北京故宫博物院的《渔父图》，中有题诗道："目断烟波青有无，霜凋枫叶锦模糊。千尺浪，四鳃鲈，诗筒相对酒胡芦。"图写一隐士在山间平溪泛舟垂钓，隐士戴着斗笠，盘腿而坐，一副怡然自得的样子，突出其适意的情怀。他要表达的意思是，这里是他的天地，是他心路最适宜展开的空间。

我颇喜欢他的另外一幅作品《芦花寒雁图》，今藏北京故宫博物院，此图上也有一首《渔父词》："点点青山照水光，飞飞寒雁背人忙。冲小浦，转横塘，芦花两岸一朝霜。"禅宗曾以"芦花两岸雪，江水一天秋"来比喻禅悟的境界，吴镇的"芦花两岸一朝霜"的境界正类此。这是秋天的景色，蒙蒙的江面上，芦苇参差，随风摇曳，一叶小舟穿行于芦苇之中，舟中人意态悠闲，坐于船头，仰望前方，颇有寓意。芦苇丛上，大雁点点，再向远方，朦胧的村落，模糊的远山，构成一幅荒寒阒寂的画面，传达画家萧散历落的情怀。

他有多首《渔父图》题词，如载于《梅道人遗墨》中的以下二诗：

元　吴镇　芦花寒雁图　83.3×27.8厘米　北京故宫博物院藏

红叶村西夕照余，黄芦滩畔月痕初。
轻拨棹，且归与，挂起渔竿不钓鱼。

醉倚渔舟独钓鳌，等闲入海即乘潮。
从浪摆，任风飘，缩手怀中放却桡。

　　作者在其中寄寓的是隐逸之思。世海沉浮，惊涛骇浪，他独取这宁静的港湾。钓名者有，钓利者有，蠢蠢欲动者有，蝇营狗苟者有，他独好一片阒寂。繁华，富丽，诱惑，他皆弃绝，他选择的是优游。浮利浮名，重重束缚，哪里有人生的自由！而一叶扁舟，泛泛江湖，心也"轻"，行也"稳"，从浪摆，任风飘，弄月吟风，呼雁对酒，灵魂的自适，性灵的愉悦，意志的充满，诗意的飘飞，在这里都具有。放浪江湖，哪个汀洲不是家；优游性海，何处江山不亲人！君看一叶舟，出没风波里，那里就是他的自在乾坤。

八　落花时节

越是美好的东西，我们越想永远地拥有它，但美好几乎肯定无法永伴，所以我们总有美好的东西瞬间即逝的感觉。时光不复重来，那个由舞台和演员、观众所构成的情境转瞬即逝。"想前欢，尽成陈迹"，为何人们还在不断上演这种"欢乐剧"？原来人生是这样：注定要演出，也注定要缺场。

《秋风纨扇图》，今藏上海博物馆，纸本，墨笔，这是唐寅生平人物画的杰作。坡地上画湖石，有一女子，容貌姣好，风鬟雾鬓，绰约如仙，衣带干净利落，随风飘动。眼神颇生动，凄婉之情，宛然在目。手执一纨扇，眺望远方。女子被置于一处山坡，画面大部空阔，只有隐约由山间伸出的丛竹，迎风披靡，突出人物心理无所之之的感觉。其上唐寅题有一诗，诗云："秋来纨扇合收藏，何事佳人重感伤。请把世情详细看，大都谁不逐炎凉。"

诗中意和画中情相互映发，使这幅画成为广为流传并广受喜爱的著名作品。唐寅在这幅画中，借这位女子表达自己的感受。可以说，世态炎凉、人世风烟都入女子神情中。秋来了，风起了，夏天使用的纨扇要收起了。炎热的夏季，这纨扇日日不离主人手，垂爱的时分，这女子时时都为那个没有在画面出现的人心相爱乐。而今，这一切都随凄凉的秋风吹走了，往日的温情烟消云散，一切的缱绻都付之东流。孤独的女子徘徊在深山，徘徊在萧瑟的秋风中。真是昨日里红绡帐中度鸳鸯，今日里荒寂山坡苦流连。有道是花开必有花落日，飞鸟尽了良弓藏。偌大的乾坤，天天都在上演着这样的人间悲喜剧，说不尽的恩恩爱爱，道不完的怨恨情仇。

唐寅这幅画的构思显然受到汉代班婕妤之事的影响。班婕妤是汉代的一位美貌女子，富有文才，为汉成帝所宠幸。后来，宫中来了赵飞燕，汉成帝迷恋于这位身材姣好的绝代佳人，于是，班婕妤便遭冷落。多才的班婕妤作了一首《怨歌行》，诗云："新裂齐纨素，皎洁如霜雪。裁作合欢扇，团团似明月。出入君怀袖，动摇微风发。常恐秋节至，凉飙夺炎热。弃捐箧笥中，恩情中道绝。"后人又称此为《团扇诗》，诗中借一把扇子的行藏，看人世的炎凉。诗中道尽了"恩情中道绝"给这位女子带来的悲伤体验。

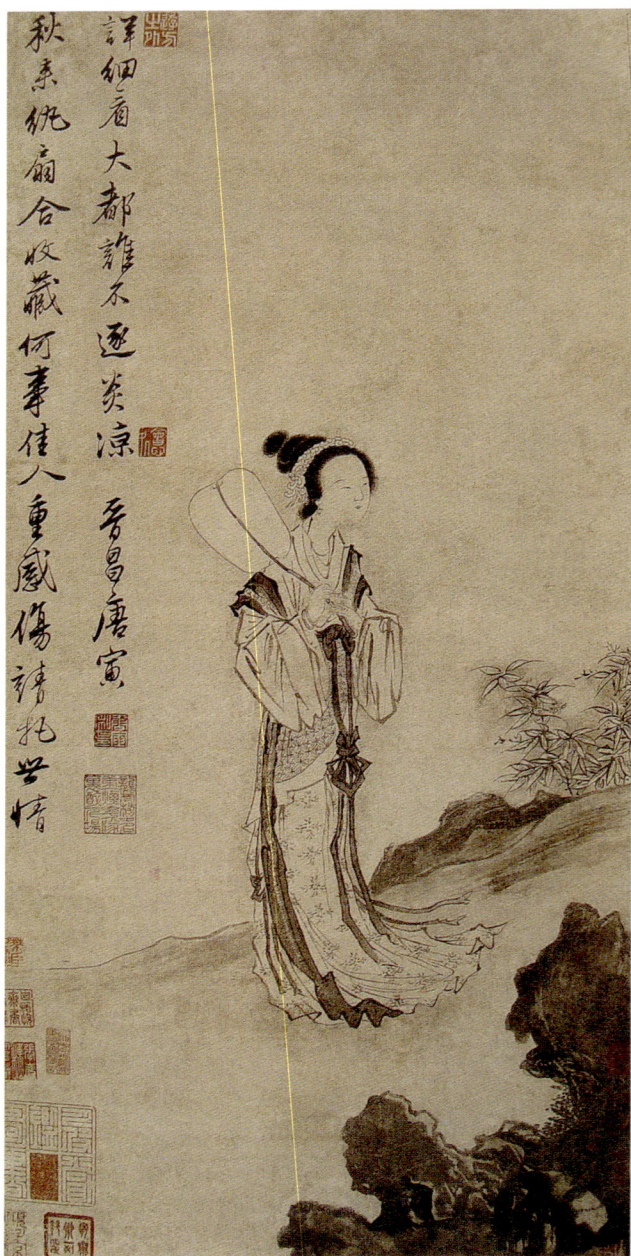

秋来纨扇合收藏　何事佳人重感伤请托幽情

详细看　大都谁不逐炎凉　晋昌唐寅

明　唐寅　秋风纨扇图　77.1×39.3厘米　上海博物馆藏

红叶题诗付御沟　当时叮嘱向西流
无端东下人间去　却使君王不信愁
　　　　唐寅

明　唐寅　红叶题诗仕女图轴　104×47厘米

①见江兆申编《吴派画九十年展》，台北故宫博物院印行，1988年第三版，图版13。

台北故宫博物院藏有唐寅《班姬团扇图》①，与《秋风纨扇图》写同一故事。收藏家项元汴在《秋风纨扇图》的跋文中说："唐子畏先生风流才子，而遭诮被摈，抑郁不得志，虽复佯狂玩世以自宽，而受不知己者之揶揄，亦已多矣，未免有情，谁能遣此？故翰墨吟咏间，时或及之。此图此诗，盖自伤兼自解也。"唐寅虽写他人事，表达的却是自己对生命的慧解。"请把世情详细看，大都谁不逐炎凉"，他是在说"世情"，说一个颠倒的乾坤、荒诞的宇宙，说一种古今同在的"万古之事实"。

唐寅，在中国艺术史上，几乎是风流的代名词，这位才性超群的艺术家，少负不羁之才，十六岁时"童髫中科第一"，高中秀才第一名，二十多岁时又高中乡试举人第一，由于乡试第一的举人被称为"解元"，所以唐寅又有"唐解元"之号，并有"龙虎榜中名第一"的印章。他的才名曾经引起朝廷的轰动，甚至有人将他和曹七步、温八叉之类的捷悟之士相提并论。唐寅恃才傲物，放荡不羁，沉湎于酒，耽溺于色，于诗于画并有高才，与沈周、文徵明、祝枝山并列为"吴中四才子"。唐寅一生有风流的一面，又有深沉的一面。他因才华出众，而"妆成每被秋娘妒"；又因流年不利，命运坎坷，家庭遭到一次又一次打击。上苍给了这位风流才子太多的磨难。也许太聪颖的人性情本来就脆弱，何况像唐寅这样伴着那么多苦难的人，他那敏感而又脆弱的心弦更容易拨响。俗

明　唐寅　落花诗　23×236厘米　辽宁省博物馆藏

話说，文章憎命达，魑魅喜人过。对于唐寅来说，这是难以忍受的灾难，但对于后人来说，他的脆弱的心灵所传出的天才逸响，则给人们带来极大的满足。

　　唐寅一生只度过短暂的五十多年时光，在他落魄的晚年，身居桃花庵，常常一人独处。桃花庵是一片花海，每到春来，群花绽放，他就在这一片天地中将息性灵。暮春时分，落花如雨，秋风萧瑟，落叶缤纷，这些都拨动着他的心弦。他一生很多艺术创造都与落花、秋风有关。惜花、伤秋是他艺术中的主题。他有《和沈石田落花诗》三十首，表现的是对生命的思考，在如雨的落花之中，把玩性灵的隐微。一天夜里，他独饮花下，对着幽冷的明月，他吟咏道：

> 九十春光一掷梭，花前酌酒唱高歌。
> 枝上花开能几日，世上人生能几何。
> 昨朝花胜今朝好，今朝花落成秋草。
> 花前人是去年身，去年人比今年老。
> 今日花前又一枝，明日来看知是谁。
> 明年今日花开否，今日明年谁得知。
> 天时不测多风雨，人事难量多龃龉。
> 天时人事两不齐，莫把春光付流水。
> 好花难种不长开，少年易老不重来。
> 人生不向花前醉，花笑人生也是呆。

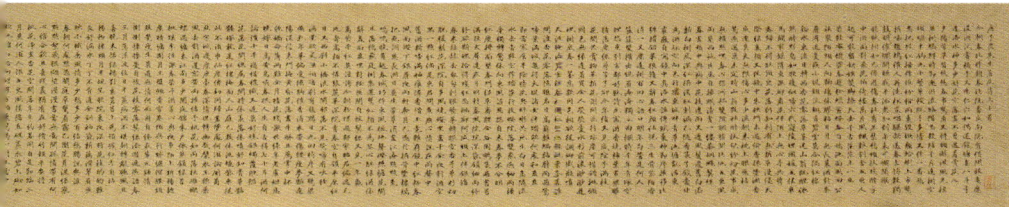

明　沈周　落花图（局部）　30.7×138.6厘米　台北故宫博物院藏

①此见《唐伯虎先生集》外编卷三，又见《尧山堂外纪》所引。其中"今日花前又一枝"，他本又作"昨日花开又谢枝"。

唐寅的这首《花下酌酒歌》①，和《红楼梦》中《葬花辞》惊人的相似，《葬花辞》道："花谢花飞花满天，红消香断有谁怜？……明媚鲜妍能几时，一朝飘泊难寻觅。……尔今死去侬收葬，未卜侬身何日丧？侬今葬花人笑痴，他年葬侬知是谁？试看春残花渐落，便是红颜老死时。一朝春尽红颜老，花落人亡两不知！"《葬花辞》与唐寅的这首诗显然有精神气质上的共通。如果要说《葬花辞》受到唐寅的影响也未为不可。

沈周曾有《落花图》长卷，今藏台北故宫博物院。设色，纸本，画于1506年。图画暮春季节，一人静坐水边花下，花儿扑簌簌地落，水潺潺地流，正所谓落花流水。桥那边有一仆人携琴而至，那画中的主人正要借琴而吐露衷肠。我们不知道，这花下客是对落花的留恋，还是对生命的哀婉？是要和着花开花落的节奏，唱着云卷云舒的悠然，还是面对繁华不再，袒露深心的忧伤？

感时伤逝，伤春悲秋，是中国艺术的重要内容，也是中国诗人最喜欢讴歌的。诗人也许是我们这个星球上最脆弱的一群，遵四时以叹逝，瞻万物而思纷，大自然的一点变化，都能触动到诗人的隐微。辛弃疾一首《摸鱼儿》表露了他面对暮春的感受："更能消几番风雨，匆匆春又归去。惜春常怕花开早，何况落红无数。　春且住，见说道，天涯芳草无归路。怨春不语，算只有、殷勤画檐蛛网，尽日惹飞絮。"诗人是爱春，意欲拥有她，但是落红径自飘零，春光倏忽而过，诗人油然伤怀，为这似水流年而伤心。诗人几乎是喝令"春且住"，但"春自往"，落花飘零随水流，时间无情掷人去。这种强烈的冲突将人的哀婉推向极致。欧阳修《蝶恋花》的下阕写道："雨横风狂三月暮，门掩黄昏，无计留春住。泪眼问花花不语，乱红飞过秋千去。"一春之暮，又遇一日之暮，在春之暮、日之暮中，又有连绵不断的迷蒙春雨，落红点点，漂流水中。那红色点点，使人不忍卒看。正所谓"人心花意待留春，春色无情容易去"。我不认为这种绝望的意绪回旋，是灰蒙蒙的人生格调，相反，我认为，只有珍惜生命的人才有这份敏感。落红点点，在解人看来，毋宁可以当作一道生命的亮景。

　　我们都熟悉那首"人面桃花"的叹息："去年今日此门中，人面桃花相映红。人面不知何处去，桃花依旧笑春风。"越是美好的东西，我们越想永远地拥有它，但美好几乎肯定无法永伴，所以我们总有美好的东西瞬间即逝的感觉。时光不复重来，那个由舞台和演员、观众所构成的情境转瞬即逝。但舞台可以长存，而演员注定要缺场。既然演员注定要缺场，那么人们为什么还甘于做这样的演员，留一些碎片去折磨未来岁月中的我？"想前欢，尽成陈迹"，为何人们还在不断上演这种"欢乐剧"？原来人生是这样：注定要演出，也注定要缺场。

　　其实，我们常常有这样的感觉，人们似乎是被强行拉上

明　唐寅　王蜀宫妓图　124.7×63.6厘米　北京故宫博物院藏

急速行驶的时间列车，目送着窗外节节逝去的影像，伸手去抓，两手空空，无从把握。人似乎总与黑暗中一种不明力量在斗争。存在的总是残破，美好的总伴着幻灭，握有的又似乎没有。满目山河空念远，落花风雨更伤春。像唐寅、沈周这些绝世才子，面对着落红点点，面对着空荡荡的宇宙，他们又如何能保持内心的平静呢？

唐寅说："今日花前又一枝，明日来看知是谁。明年今日花开否，今日明年谁得知。"《红楼梦》说："侬今葬花人笑痴，他年葬侬知是谁？"这真是为未来着想。他们都看到人是未来宴席的永远缺席者，时光转瞬即逝，人不能两次踏入同一河流，存在，就意味不在。人就是这世界的匆匆过客，我在桥下看风景，别人在桥上看我。自己是一个观照者，又是一个被观照的对象，此刻我是一个追忆者，又将是一个被追忆的对象。正所谓此情可待成追忆，只是当时已惘然。

"一曲新词酒一杯，去年天气旧亭台，夕阳西下几时回。　无可奈何花落去，似曾相识燕归来，小园香径独徘徊。"晏殊的这首《浣溪沙》真可谓生命的绝唱，梦一般的格调，水一样的情怀。填一曲新词演唱，斟一杯美酒品尝，去年此日我们曾在这里相聚，今日我又重来。眼前是和去年一样的天气、一样的亭台。那正在西下的夕阳不知几时能再回？无可奈何地看着花儿纷纷落下，又有似曾相识的燕子飞回来。诗人就在过去、现在、未来的时间隧道里盘旋，到头来，只有在小园的香径上独自徘徊。这首词留下的凄美旋律，永远伴着落花而盘旋。

这样的追忆，这样的流连，这样对生命的抚摩，最容易将人导入梦幻般的境界。如杨花飞舞，似幻似真。唐寅有一幅《桐阴清梦图》，今藏北京故宫博物院。画一人于梧桐树下清坐而入眠，唐寅以极细微的笔触表现入梦者脸部淡淡

千里桐陰覆紫苔先
生閒試陳眠素此生已
謝功名念清夢应無
到去枕 唐寅画

明 唐寅 桐阴清梦图 62×30厘米 北京故宫博物院藏

的笑容。其上唐寅有一诗："十里桐阴覆紫苔，先生闲试醉眠来。此生已谢功名念，清梦应无到古槐。"唐李公佐《南柯太守传》载，淳于棼梦梦到了槐安国，娶了漂亮的公主，当了南柯太守，享尽富贵荣华。醒后才知道是一场大梦，原来槐安国就是庭前槐树下的蚁穴，所谓"一枕南柯"。唐寅说他的这一梦不是功名欲望之梦，而是桐阴下的清梦，梧桐在古代中国象征着高洁的情怀，他这一梦梦到了一个清净的世界中去了，到了一个没有烦恼的世界中去了，而这滔滔天下，熙熙而来，攘攘而去，利欲熏心，蝇营狗苟，肮脏不已，哪里有什么清净。幸运的是，唐寅却在梦中找到了。艺术往往就是给人造梦。

面对落花是忧伤，沈周没有化入梦中的排遣，他却有执着于当下的超越。南京博物院曾展出一帧沈周的《落花诗意图》，本是庞莱臣的旧藏，这幅不大的画面，展出时却吸引了人们极大注意，甚至引起轰动。这幅画纸本，设色，纵35.9厘米，横60.2厘米。前有沈周友人、书法家王鏊所题"绿阴红雨"四字，后长轴上自书《落花诗》七律三十首。画中描写群花自落，流水潺潺，一空寂的山林中，一老者拄杖独行。沈周的色彩语言沉着而有醉意，以青绿、赭石染出山石的轮廓，近树以淡绿烘染，远处则以黛青抹出一痕山影。风味老辣，诗意与画面相映衬，抒发面对生命的落花时节心灵如何平静的沉思。

图中沈周题有"山空无人，水流花谢"之语。北宋禅家曾以苏轼"空山无人，水流花开"作为至高的体验境界，后来成为宋元以来文人艺术的圭臬。沈周之后，清初的渐江甚至以"空山无人，水流花开"作为其《画偈》的开篇之语[1]。天高地迥，山空水远，空花自落，鸟鸣珠箔，一任自心与之徘徊，感受"时有落花至、远随流水香"的生命旨趣。

[1]《画偈》第一则云："空山无人，水流花开。再诵斯言，作汉洞猜。"

九　寒潭鹤影

生命如幻，人生一沤。忽起的浪花哪里能长久，夜来的露水怎能会长驻？借问飞鸿向何处，不知身世自悠悠。落花如雨，唤起韶华将逝的叹息；秋风萧瑟，引来生命不永的哀歌。正所谓天地存吾道，山林老更亲。闲昤开碧眼，一望尽幻影。中国画中这样的幻境带有大彻大悟的人生感。

　　庄子曾讲过一个关于影子的故事。有一个人讨厌自己的影子，他动，影子跟着他动，他跑，影子跟着他跑，他拼命地跑，想摆脱影子，但就是摆脱不掉，最后累死了。庄子说，你为什么不到大树底下去悠闲地休息，在大树下还有影子吗？在庄子看来，世界原来是虚幻的，世人其实就是与影子比赛，与一种虚幻不实的力量角逐。人生天地之间，就像"白驹之过隙"——高山缝隙中透出的一缕光影，不可把握，瞬间即逝。人生是天地间一个匆匆的过客，只是"忽然而已"。疲惫的争斗，无休止的追逐，其实是没有意义的。庄子说，你就随世界同在吧，像水一样流淌，像云一样飘缈。没有执着，就有自由。

　　中国绘画在一定程度上就是蹈光蹑影之术。

　　明代吴门画家陈淳（字道复，号白阳）说，他作画，为花鸟，为山水，不是涂抹形象，而是"捕风捉影"，他的艺术是化"景"为"影"[1]。广州美术馆所藏《荔枝赋书画卷》乃其生平重要作品，书张九龄《荔枝赋》，并画荔枝数颗，其自跋云："《荔支赋》余数年前书，偶阅一过，掩卷茫然，案头适有朱墨，乃戏作数颗，平生未识其面目，不过捕风捉影耳，观者当参考诸赋，或自得其真焉。"白阳一生并没见过荔枝，他说所画荔枝，只是"捕风捉影"。"捕风捉影"一语，可以说是白阳一生绘画创作的主要方式，他不是亍斤于物象形式的追寻，而是到形式背后发现其意义。

[1] 有趣的是，汉字的"景"是"影"的本字，中国艺术家却徘徊于"景"与"影"之间，寻找独特的艺术表达。

明　陈淳　荔枝赋书画卷　广州美术馆藏

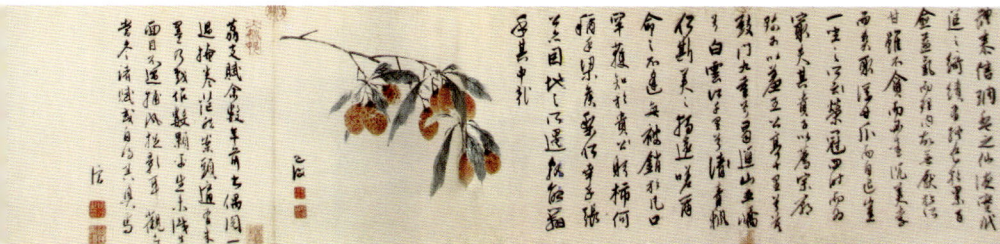

①《徐文长文集》卷二十一。

明徐渭提出"舍形而悦影"的观点。他《书夏圭山水卷》云："观夏圭此画，苍洁旷迥，令人舍形而悦影。"①他说，他作画，就是"为造化留影"。这可以说是其艺术纲领。一幅好的画，要使观者忘其形而取其意，舍其色而摄其真。由表面的真实走入内在的真实中，感受画中的意趣。画一物，其意并不在一物，说一事，其意也不在此事中。如同九方皋相马，其意在"骊黄牝牡之外"。他所言夏圭之作，的确有此妙韵。如其《松溪泛月》一图，寥寥数笔，勾勒出一个空灵的世界，左角伸出老树枯枝，月光下数人于舟中闲渡，意境悠远，令人一视而忘渡河之事，而得空灵淡远之旨。

清初八大山人在评价石涛画时说："禅分南北宗，画者东西影。说禅我弗解，学画那得省。至哉石尊者，笔力一以骋。"②"画者东西影"，也可以说是八大山人绘画的一个论纲。他认为，绘画不是画具体的"东西"，而要使这样的"东西"（形象）虚幻化，从而表达超越形似藩篱的生命内涵。

②《题画奉答樵谷太守之附正》，见北京故宫博物院藏八大山人等书法册页，十开，《中国古代书画图目》京1-4502。

清　八大山人　小鸟

中国画家将世界虚化，抟实成虚，蹈光蹑影，中国画充满了太多的梦幻空花，苔痕梦影。那云烟飘缈、雾霭蒸腾的画中藏着的正是这样的哲学深心。画出世界之"戏影"，石涛评八大山人画所说的这两个字，其实正反映了这样的思考。《维摩诘经》说："是身如影。"庄子说人生如影，绘画就要将这影子的体会写出来，把不粘不滞的感觉写出来。南宋的一位文学家严羽形容唐诗的妙处如空中之音、相中之色、水中之月、镜中之像，有一种镜花水月的美，中国画又何尝不是如此。

苏轼说画之妙在"孤鸿落照，灭没于江天之外"，将有形的空间送到了那寂寞的、幽远的、深邃的世界中，闪烁不定，如影绰绰。画之妙境在虚无飘缈中，在不粘不滞中。

倪云林的画可以称为"影之画"，他要表现出"一痕山影淡若无"，世界被幻象化了，他将自己的心灵化为那虚灵不实的线条之律动。明末清初画家沈灏在《画麈》中说："称性之作，直操玄化，盖缘山河大地，器类群生，皆自性起，其间卷舒取舍，如太虚片云，寒潭雁迹而已。"扑朔迷离，影像绰绰。他说，这样的境界，就像寒塘上有一只大雁的影子，忽然划过，似有非无。《红楼梦》中有所谓"寒塘渡鹤影，冷月葬花魂"的诗，此境有以当之。空灵处如闲云野鹤，去来无踪；如太虚片云，飘缈恍惚，难以确定；如风，如云，如气，似空无一物，又似处处即是，才触处有，一放手无。苏轼在论艺时，以"浮云杳霭，与孤鸿落照，灭没于江天之外"来评价王维画作，同样强调其玲珑活络的美感。

我曾说，中国艺术的迥绝处，如空谷幽兰，在高山大川之间的一朵兰花，不起眼，它的谦卑和微小难以让人们注意，但它却散出淡淡的幽香，似有若无，似淡若浓，神秘而不可把握。空灵之至，飘缈之至，它是飘缈天际的一点鹤影，是徘徊山林中的一缕云烟。

南宋禅僧玉涧是一位诗人，也是一位画家，他的画多表现禅不粘不滞的特点。如现藏于日本的《远浦归帆图》，用淡墨染出山影，再用浓墨点出参差迷离的树木，用细笔轻勾出一叶小舟，此画初看漫漶一片，细视却别有意味，幽淡、空灵、闪烁，正所谓只存下世界之影了。上自题一诗曰："西边刹境入毫端，帆落秋江隐暮岚。残照未收渔火动，老翁闲自说江南。"这真是将禅的无住刹境摄入了画端。

倪云林画以高逸而著称，他不是画所看到的世界，也不是画他心中愤懑不平的"逸气"，他画的是他的哲学，画的是对世界的体会。他在一则画跋中写道："逍遥渚际，隔江遥望天平、灵岩诸山在荒烟远霭中浓纤出没，依约如画。渚上疏林枯柳，似我容发萧萧。可怜生不能满百，其所以异于草木者，独情好耳。"在他看来，"此身已悟幻泡影"，他的思想中有浓厚的空幻感。他在诗中写道："戚欣从妄起，心寂合自然。当识太虚体，心随形影迁。""身世一逆旅，成亏分疾徐。反己内自观，此心同太虚。"这里表达的思想合于庄禅之精神，世界只是人的旅店，艺术要反映人的生命感受，归于太虚才是艺术体验之道。他反复嘱咐自己要以"性印朗月，身同太虚"的观念去做人，为艺。生命的短暂和色相世界的空幻，使他悟到禅家色空和道家寄客的智慧，他说："踏雪飞鸿迹渺茫"——要做一只在荒天中灭没的飞鸿，似有若无，无住无定，悠远地飘缈着。他有诗道："鸿飞不与人间事，山自白云江自东。"灭没的飞鸿是寂寞的，但却是自由的。他的心，不是随形而迁，而是随影而迁，他的画，就是他所悟出的世界的影。

云林三百年后的知己恽南田说，云林之妙在"神骏灭没处"，此评最得云林之精神。

有形的世界在云林这里被幻化为太虚。他的画有强烈的太虚感。他的画似画非画，似色非色，似形非形，一痕，一影，无言地诉说着一个宁静而超越的世界。如北京故宫博物院所藏《秋亭嘉树图》。他所画的山水，疏林特立，淡水平和，遥岑远岫，淡岚轻施，一切似乎都在不经意中。他用淡墨中锋，轻轻地敷过，飘忽而潇洒，既不凝滞，又不飞动，笔势疏松而灵秀，他的皴法苔点，控笔而行，划过纸素，似落非落，如鸟迹点高空，这世界似乎离我们很近，但又觉得离得很远，像是我们平时所见之山水，又像是从未见过的世界。云林为我们描绘的世界，没有一点点的粘滞，没有一点点情感的波澜，留下的就是空虚的寂寞的时空，迥绝于人寰的时空。他的心灵既不为之哀婉，又不由之爱怜，他以"戚欣从妄起"的观念结撰这样的世界，生怕被爱恨之情粘滞了。南田以李白"落叶聚还散，寒鸦栖复惊"来评黄公望的画，其实移以评云林最是确当。将栖未栖，将聚还散，他的笔墨似落非落，他的心灵也似往非往。云林的山水是道禅梦幻空花哲学最高妙的视象。

他说，自己作画是"醉后挥毫写山色，岚霏云气淡无痕"，他醉心于这飘缈无痕的表达，真是玲珑至绝。是身如影，世界如影，生命的展开如水中之月，通明透亮，又不可捉摸，《金刚经》所说的"一切有为法，如梦幻泡影。如雾亦如电，应作如是观"，正是云林的寂寞的山水要诉说的。古人所谓"满坞白云耕不尽，一潭明月钓无痕"，于此有见也。

现藏于台北故宫博物院的《江亭山色图》，如写一个依稀的梦境。一河两岸的构图有空茫感，一痕山影在远处绵延，把鉴赏者导入一个悠远的世界，疏林阑珊，逸兴高飞，山在溪中，溪围山在，山水都在流荡中，没有一个定在，似乎那树、那亭，都随着水在流荡。画家以疏松之笔触，轻轻地划

元　倪瓚　秋亭嘉树图

34.3×144厘米　北京故宫博物院藏

元　倪瓒　江亭山色图　94.7×43.7厘米　台北故宫博物院藏

过绢素，似乎像飞鸿轻点水面，哪里有一丝一毫的落实，哪里有一丝一毫的执着，浮动着，飘荡着，轻轻地飞旋着。明代以来，仿照云林的人太多了，但很少能将云林写影的高妙能力学到手，即使是像沈周、渐江这样的高手。他们对云林的仿作，都稍隔一尘，他们的处理多比较实，缺少云林飘缈天际的韵味。读云林这样的画，我常常会想到苏轼"梦随风万里"这句词。

清恽南田论画重视这种无住的美感。他是一位极敏感而细腻的艺术家，风起于青蘋之末，隐然有感；云来于大壑之间，卒然惊悸。他的胸中，明月停辉，浮云驻影。他的画里，香雾蒸腾，妙音盘桓。他的《仿大痴砂碛图》册页，就有一种不粘不滞的意味。其跋称黄公望（号大痴）作此画："不为崇山茂林，惟作平沙一曲，水村渔市，浅渚回汀，极荒远之致。"其实他的仿作，更突出了荒远意味，更注意不粘不滞的美感。这幅画妙在影影绰绰，没有一点粘滞，萧疏小笔，别有风致。他评画曾云："秋夜烟光，山腰如带，幽篁古槎相间，溪流激波，又澹淡之。所谓伊人，于此盘游，渺若云汉，虽欲不思，乌得而不思。"移以评此画，也无不可。南田的画多在捕捉这"秋夜之烟光"，他的花鸟画也是如此。

这使我想到南宋词人姜白石著名的《点绛唇》词："燕雁无心，太湖西畔随云去。数峰清苦，商略黄昏雨。　第四桥边，拟共天随住。今何许？凭阑怀古，残柳参差舞。"词的大意是：北来的大雁那样从容悠闲，就在太湖西畔，随着云儿卷舒自如，远处的几座山峰，在黄昏之后何等凄清愁苦，好像在商量要起一场暮雨。在那第四桥边，我想跟随天随子陆龟蒙放浪江湖。而今高人何在？凭栏怀古，但见残叶随风飘舞。

词中，鸟儿无心，云儿自如，数峰只清苦，残柳舞参差，

清　恽南田　寒塘白鹭图

清　恽南田　兰（局部）　台北故官博物院藏

极空灵飘缈。词写作者冬天过吴淞口的感叹。天随子乃是唐代诗人陆龟蒙，他优游于江湖之中，飘缈而无定所。白石这首词最得清空之致，潇洒而又静寂，尤其是数峰于黄昏雨下"商略"，真是写活了，在清苦中透出高逸。而那参差舞动的残柳，更传达出灵魂深层的律动。所以这首清空的词将境界音乐化了，读者似乎也融入其中，与冬山"商略"，共残柳"参差"。这首词与南田、云林们所追求的境界正相和谐，无心，无住，寂寞中的逡巡，清净中的跃动，具有难以言传的美。

　　明画家李日华是一位具有很高水平的鉴赏家，他在对中国画的拈提中，极重这种孤鸿灭没的境界。他用如幻的眼光打量世相，荡去欲望的占有，置入清新的把玩。他说："世缘空尽身无缚，来往萧然似孤鹤。有耳不令着是非，挂向寒岩听泉落。"他在艺术世界中玩味这无心的妙谛。

他有题画诗道："落日万山紫，虚亭一叶秋。新诗吟未稳，注目数江鸥。"在傍晚这个微茫寂寞的时分，在江天空阔的清秋时节，艺术家傍着虚亭，沐浴着落日余晖，在内心组织着新诗，数着若隐若现的江鸥。如此的静谧，如此的空灵，而且一切都流动着，诗在心中流，鸥在空中飞，叶在萧萧地飘，江水在无声地倾诉，而在遥远的世界中，一抹山影也在夕阳的余晖中流动着。一切都在微妙地"戏荡"。世相如幻影，世相在流动。道禅哲学的精神在其中流荡着。李日华这首诗跋的画今已不见，但他用诗记录下的无形的体会，则是中国山水画的当家面目。他有诗道："山中无一事，石上坐秋水。水静云影空，我心正如许。""树影覆身如厦屋，溪流荡目有余清。南华读罢浑无事，数得湘中几点青。"无心于万物，而万物自在兴现，正是他所谓"蓄雨含烟五百峰，吐吞常在老夫胸"。

在中国哲学中，有一个特别的概念、叫"幻"。它对中国绘画深有影响。清画家戴熙甚至说："佛家修净土，以妄想入门。画家亦修净土，以幻境入门。"不是从实处画起，而是从幻境入门。"以幻境入门"，真是画道一大因缘，是理解中国画内在秘密的一个关键。幻，不是今天我们所说的幻觉，幻觉主要指人的感觉器出现的虚假感觉，是一种心理现象（贡布里希所说的艺术幻觉就属于此），而中国哲学、艺术观念中的"幻"则是一个有关存在是否真实的问题。

唐代禅宗大师南泉（此人为赵州的老师）说："时人看一株花如梦幻而已。"一朵灿烂的花，以前没有，现在有了；现在虽有，将来却无：世间一切物都在变化之中。对于这样一个存在，你要是将它当作一个观赏的对象，它转眼间渺无踪迹，那只是一个幻象；你要将它当作一个想占有的物质存在，最终免不了两手空空；你要将它当作情感的依靠，眷恋它，粘滞它，最终必然会落得两处茫茫不见面的田地。正是在这种意义上，一朵花对于人来说，就像一场梦幻而已。中国哲学有两个概念，一是变化，一是变幻，意虽近，却有本质的差别。在道禅哲学看来，变化是对事物表相的描绘，而变幻是对世界真实意义的判断，正因为世界是变化的，所以它幻而不真。

中国绘画的以幻境入门，其实就是要透过世界的表相，追寻生命的真实意义，那种在流转世界背后的生命启发，那种感动艺术家灵魂的内在因缘。

徐渭画墨牡丹，有题诗云："墨中游戏老婆禅，长被参人打一拳。涕下胭脂不解染，真无学画牡丹缘。"老婆禅，为禅家话头，指禅师接引学人时，一味说解，婆婆妈妈，叮咛不断。禅门强调不立文字、当下直接的妙悟，老婆禅有不得禅法的意思。青藤的意思是说，我画牡丹，其实用意并不在牡丹，虽然可能落入唠唠叨叨的老婆禅，但也没有办法，我权且将它当作表现我对世界理解的幻象吧。我的墨戏，将色彩富丽的牡丹变成了墨黑的世界，其实真水无香，那是世界的本相，从这个意义上说，我真的没有画牡丹的缘分——因为我画的牡丹，其实又不是牡丹，你没看那墨痕斑斑就是我的潸然清泪——牡丹只是一个幻象。

徐渭有《蕉石牡丹图》，今藏于上海博物馆。此图水墨渲染，分出层次，没有勾勒，墨不加胶，有氤氲流荡的趣味。图中所画为芭蕉、英石和牡丹花。这是一幅极端情绪化的作品，上有题识数则，记录一次癫狂作画的经过。初题说："焦墨英州石，蕉丛凤尾材。笔尖殷七七，深夏牡丹开。天池中漱猱之辈。"又识："画已浮白者五，醉矣，狂歌竹枝一阕，赘书其左。牡丹雪里开亲见，芭蕉雪里王维擅。霜兔毫尖一

明　徐渭　蕉石牡丹图　120.8×58.5厘米　上海博物馆藏

明　徐渭　水墨牡丹图　109.2×33厘米　故宫博物院藏

小儿，凭渠摆拨春风面。"旁有小字："尝亲见雪中牡丹者两。"在右下又题云："杜审言：吾为造化小儿所苦。"

人生就如一场戏，世界背后似有一只无情的手，翻云覆雨，颠倒东西。算人间事，不如意事，十有八九，没有一事不为无常吞去，所谓"造化小儿真幻师，换人双眼当晴昼"。青藤在醉意中觑得"为造化小儿所苦"这一事实，跳出颠倒的世相，不为幻术所迷，在酣然狂放之中，解脱性灵。题诗中所说的"牡丹雪里开亲见，芭蕉雪里王维擅"，将王维的创造引到更加荒诞的地步。雪中不可能有牡丹、芭蕉，青藤却说，亲眼见到雪中有两朵牡丹，这些胡言乱语，颠倒了时序，颠覆了规矩，都是为了突出存在的"幻"意，诉说为诸相束缚的困苦。

青藤有诗说："老夫游戏墨淋漓"，他说他的画是"墨戏"——不是耍弄笔墨技巧的游戏，而是在水墨淋漓中，表现一出出人间的戏剧——人间就是这样的荒诞剧。人生如幻化，吾画即墨戏。徐渭通过混乱的时序节奏，来表现颠倒的人生。人们目之所见、身之所历、心之所感的世界，虽然鲜活，似乎为真，其实是虚幻的。人们对这虚妄世界的执着，是一种颠倒见解。看青藤的墨戏之作，使我想到《锁麟囊》中薛湘灵的一段唱词："我只道铁富贵一生注定，又谁知人生数顷刻分明……这也是老天爷一番教训：他教我，收余恨、免娇嗔、且自新、改性情，休恋逝水，苦海回身，早悟兰因。"青藤的画多有一种类似这段唱词所表达的人生解悟的感觉。

金农曾画《雪中荷花图》，并题道："雪中荷花，世无有画之者，漫以己意为之。"雪中荷花本是禅家悟语。他还对王维的雪中芭蕉有特别的注意，他说："慈氏云：蕉树喻己身之非不坏也。人生浮脆，当以此为警。秋飙已发，秋霖正绵，予画之又何去取焉。王右丞雪中一轴，已寓言耳。"又说："王右丞雪中芭蕉，为画苑奇构，芭蕉乃商飙速朽之物，岂能凌冬不凋乎。右丞深于禅理，故有是画以喻沙门不坏之身，四时保其坚固也。"芭蕉易坏，雪中无荷，画雪中芭蕉和荷花，表达的是不为幻化所惑的思想。

对"以幻境入门"的思想，陈白阳体味颇为精深。他多次谈到老师沈周所说的"观者当求我于丹青之外"、"当求于形骸之外"的重要性。他说他自幼写生，常常为设色无法追摹古人而沮丧，画着画着就不想画了，陶醉于古人笔墨之中，追求物象的逼真，有什么意思？正是在这样的困惑中，他渐渐由丹青而水墨，由形似而趋于草草笔致，由驰骋纵横而一变为淡逸平和，幻出表相，追求心灵的寄托。

北京故宫博物院藏白阳的《墨花钓艇图册》，画梅、竹、兰菊、秋葵、水仙、山茶、荆榛、山雀、松枝及寒溪钓艇，共十段。前九幅都是花木，最后一幅却画寒江之上，清流脉脉，一小艇于中闲荡，和前面的内容似乎不协调。白阳将它们束为一册，有自己的考虑。末幅上他有题识说："雪中戏作墨花数种，忽有湖上之兴，乃以钓艇续之，须知同归于幻耳。"这是一次雪后墨戏之作，伴着漫天大雪，他率意作画，为竹，为梅，为点点花朵，为雪中的青松，江山点点，山林阴翳，在他的笔下翻滚流荡，他画着，画着，意兴遄飞，外在的形象越来越模糊，有形世界的拘束渐渐解脱，他忽然想到着一小舟，带他远逝，遁向远方，遁向空茫的世界。由此他得出，一切有形的存在都是"幻"，花木是幻，小舟是幻，一切的存在都是幻，不是不存在，而都是流光逸影，都是不断变化过程中的环节，生生灭灭，无从确定，都是幻有，虽有而无。一如佛家所说："以相取相，都成幻妄。"

白阳、青藤、冬心、东坡、云林乃至中国很多艺术家，将

王右丞雪中芭蕉爲畫史美談芭蕉乃商
颷速朽之物豈能陵冬不凋乎右丞深于禪理
故有是畫乃喻沙門不壞之身四時保其堅
固也余之所作正同此意觀者切莫認作真筒
耳擲筆一笑　昔耶居士畫記

清　金农　花果册之二　33×30厘米　翰海2002秋拍1068

形式看作幻象，否认形式的实在性。东坡的枯木怪石、云林的疏林空亭、青藤的雪中牡丹等等，这些形式都是一个幻象，是一个昭示存在的非确定性的刺激物，它们通过不合规矩和美感的存在方式，说明世界的存在并非由你感官所及就能判断，一切对物象的执着都是没有意义的。如云林寂寥的疏林空亭，它们的存在，就说明不存在，或者说是非真实的存在。我们不可能从疏林空亭的具体空间结构、色彩特点等，获得云林画的确实意义。

生命如幻，人生一沤。忽起的浪花哪能长久，夜来的露水怎会长驻？借问飞鸿向何处，不知身世自悠悠。落花如雨，唤起韶华将逝的叹息；秋风萧瑟，引来生命不永的哀歌。正所谓"天地存吾道，山林老更亲。闲时开碧眼，一望尽幻影"。中国画中这样的幻境带有大彻大悟的人生感。

十　潇湘八景

这是艺术家的理想天国，何尝不是普通百姓所期望的乐土。他们用渔歌唱晚的方式，唱出了陶渊明田园牧歌世界同样的旋律。它不是庙堂里的陈词，不是古寺里的幽歌，它所反映的是平民的生活，平民的乐趣，平民的悲忧。像渔村夕照、山市晴岚等，真是唱出自己的歌，其间荡漾着浓浓的生活情调。

《平沙落雁》古曲，真是百听不厌。听这样的曲子，正可印证米芾所说"霜清水落，芦苇苍苍，群鸟肃肃，有列其行"的境界，在一定程度上，它也可以说是对中国艺术清明、高远、宁静、幽深精神的反映。这首曲子平和澹荡，清新雅静。琴曲分为三部分，第一部分以舒缓轻松的节奏，描写秋高气爽、江天空阔、风静沙平的气氛，为全曲奠定一个基调。第二部分节奏渐快，由舒展发为激越，由宁静转为欢欣，百鸟和鸣，从远方飞来，让你激动，欢呼那希望的精灵飞来。第三部分表现雁落平沙的自在和悠然，沙白风清，云水浩淼，雁影参差而上下，水流潺潺而清浅，真可谓得大自在。长江的浩淼，秋色的高爽，云天的空阔，群雁的飞跃，映现出人心境中的怡然、和悦、从容、适意。听这样的曲子，使人灵府尽涤，真有一种"安闲自如之景象，尽是潇洒不群之天趣"（《溪山琴况》）。

这曲名，正是中国传统艺术中影响极大的"潇湘八景"之一。山市晴岚、远浦归帆、平沙落雁、潇湘夜雨、烟寺晚钟、渔村夕照、江天暮雪、洞庭秋月，这些优美的名称和特有的境界，曾在中日艺术史上产生重要影响，它们被合称为"潇湘八景"。自五代以来，一直作为画题，在中国历史上有无数人画过潇湘八景图；而在中国音乐史上，也有很多与潇湘八景有关的乐曲；在中国文学史上，以潇湘八景为吟咏对象的篇什更是难以计数。

大约在十二世纪前后，有大量中国艺术作品传入日本，法常和夏圭的潇湘八景图也在此间传入日本，对日本产生了巨大的影响，不仅影响到日本的绘画，而且对其建筑、园林、戏剧艺术也有很大影响，模仿八景的创造很普遍，这种风习一直延续到现代。

潇湘八景是一个包含着深厚内涵的东方艺术母题。

一般认为，潇湘八景的画题始创于北宋山水画家宋迪，其实，在宋迪之前，"潇湘八景"之名就已经出现，北宋郭若虚《图画见闻志》中就记载五代黄筌有《潇湘八景》传世，但以"潇湘八景"名世的不是黄筌，而是宋迪。潇湘八景之名在历史上也曾有所变化，但影响最大的还是宋迪所表现的八景。北宋沈括《梦溪笔谈》云："度支员外郎宋迪工画，尤善为平远山水，其得意者《平沙雁落》、《远浦帆归》、《山市晴岚》、《江天暮雪》、《洞庭秋月》、《潇湘夜雨》、《烟寺晚钟》、《渔村落照》，谓之八景。好事者多传之。"而北宋禅僧惠洪（1071—1128）《石门文字禅》中说："宋迪作八景绝妙，人谓之'无声句'，演上人戏余曰：'道人能作有声画乎？'"这条记载也见于南宋孙绍远的《声画集》。

作为山水画家，宋迪出李成一派，他与其兄宋道、侄宋子房、学生陈用志都以山水寒林而出名，苏轼关于文人气的重要观点"观士人画，如阅天下马，取其意气所到"，就是在评论宋子房的画时所说的。在宋家的绘画传统中，苏轼看到了他所推崇的独标己心的文人意识。苏轼说："论画以形似，见与儿童邻。赋诗必此诗，定非知诗人。"他认为作画，不是画出外物的形貌，而是要以一种诗意情怀融入其间，要有超出于形式之外的韵味。北宋初年一位不大出名的僧人画家惠崇，就因为他的画诗意盎然，受到苏轼的高评，他那首出名的小诗"竹外桃花三两枝，春江水暖鸭先知。蒌蒿满地芦芽短，正是河豚欲上时"，就是评论惠崇山水之作时写下的。

宋迪的画今日不传，但在《宣和画谱》中著录有三十一幅。当时的绘画虽然没有像明清以来分出文人画和画工画那样明晰，但当时人们也认识到"士人画"（或"士夫画"）和画工画（或称"匠人画"）的不同。他们所说的"士人画"，就

南宋　玉涧　山市晴峦　33.3×83.3厘米　日本出光美术馆藏

南宋　玉涧　远浦归帆　33.3×33.3厘米　德川美术馆藏

是"文人画"。当时人们评宋迪是"士大夫画中最佳者"，也就是说他是最优秀的文人画家。能得到如此的评价，主要是他的艺术适应了一种新的艺术趣尚，就是绘画中对诗意的强调。

北宋初年，中国绘画界出现了重视诗意的倾向，诗是无形画，画是有形诗，成为风行一时的观点。这样的风气到苏轼时达到了高峰，苏轼说："少陵翰墨无形画，韩幹丹青不语诗。"①苏门的黄山谷说："李侯有句不肯吐，淡墨写出无声诗。"②与苏轼关系密切的李公麟说："吾为画如骚人赋诗。"在这股艺术思潮中，宋迪可以说得其先声。他的八景图，当时就被人称为"无声句"——以诗心来作画，《宣和画谱》说他"运思高妙，如骚人墨客登高临赋"。

潇湘八景的名称到北宋时大体确定下来。如南宋陈起编《江湖小集》卷三十九收叶茵《顺适堂吟稿》，其中就有《潇湘八景图》诗，八景之名与沈括记载相同，而且顺序也无别。历史上流传有北宋米芾的潇湘八景序及诗。序称："潇水出道州，湘水出全州，至永州而合流焉。自湖而南，皆二水所经，至湘阴始与沅之水会，又至洞庭，与巴江之水合，故湖之南皆可以潇湘名。若湖之北，则汉沔汤汤，不得谓之潇湘。潇湘之景可得闻乎？洞庭南来，浩森沉碧，叠嶂层岩，绵衍千里。际以天宇之虚碧，杂以烟霞之吞吐。风帆沙鸟，出没往来。水竹云林，映带左右。朝昏之气不同，四时之候不一。此则潇湘之大观也！若夫八景之极致，则具列于左，并系以诗。"他分别以诗写出八景之妙意，颇有思致，现备列于后，以供参稽：

潇湘夜雨：苦竹丛翳，鹧鸪哀鸣。江云黯黯，江水冥冥。翻河倒海，若注若倾。舞泣珠之渊客，悲鼓瑟之湘灵。

山市晴岚：依山为郭，列肆为居。鱼虾之会，菱芡之都。来者于于，往者徐徐。林端缥缈，峦表萦纡。翠含山色，红射朝晖。舒不无盈乎一掬，散则满乎太虚。

远浦归帆：晴岚漾波，落霞照水。有叶其舟，捷于飞羽。幸济洪涛，将以宁处。家人候门，观望容与。

烟寺晚钟：暝入松门，阴生莲宇。杖锡之僧，将归林莽。蒲牢一嗷，猿惊鹤举。幽谷云藏，东山月吐。

渔村夕照：翼翼其庐，濒峰以居。泛泛其艇，依荷与蒲。有鱼可脍，有酒可需。收纶卷网，其乐何如？西山之晖，在我桑榆。

洞庭秋月：君山南来，浩浩苍暝。飘风之不起，层浪之不生。根气既清，静露斯零。素娥浴水，光荡金精。倒霓裳之清影，来广乐之天声。纤云不起，上下虚明。

平沙落雁：霜清水落，芦苇苍苍。群鸟肃肃，有列其行。或饮或啄，或鸣或翔。匪上林之不美，惧缯缴之是将。云飞水宿，聊以随阳。

江天暮雪：岁晏江空，风严水结。冯夷剪冰，飘飘洒雪。浩歌者谁？一蓬载月。独钓寒潭，以寄清绝。[1]

此序记虽不能断为米芾所作，但对八景之内涵有比较丰富的描绘。

潇湘八景，所反映的正是这种追求诗意的精神。潇湘，那是一片洋溢着诗意的神山灵水。潇水和湘水，相互激荡，洞庭之波涛，浩浩南来。此地有层峦叠嶂，绵延千里，风帆沙鸟，出没往来。又有水竹云林，映带左右。际以天宇之虚碧，杂以烟霞之吞吐，重以云水之迷离，兼以风雨之杂沓，再加之以山鬼之微笑，神女之窈窕，千竿之斑竹，声声之玉箫，把这一片天地出落成情之国、怨之国、诗之国。王阮亭有词

[1] 此序、诗录自托名米芾的《白云居碑帖》，不见《宝晋英光集》，明时此作已流传，如史九韶《潇湘八景图记》（见明人何镗《古今游名山记》卷九所引），内容与此八景序和诗相近，只是内容略多。

②《刘禹锡文
集》卷九。

③《张小山小
令》卷上，明刻本。

道："水碧沙明，参横月落，还向潇湘去。"①似乎将宇宙的美意都汇集于此。自古以来，这里不知孕育了多少诗人。屈子情深，风姿绝代，骚人情韵，直到如今。唐代诗人贾岛说："寂寞在潇湘。""寂寞"二字真是说得好。寂寞的怀抱，幽咽的怨情，无可奈何，迷离恍惚，真不知除了诗还有什么更适宜表达造临此地的感受。刘禹锡《竹枝词》云："斑竹枝，斑竹枝，泪痕点点寄相思。楚客欲听瑶瑟怨，潇湘深夜月明时。"②正是此意。

元人张可久有《折桂令》小曲，颇能见出八景的韵味："倚阑干不尽兴亡。数九点齐州，八景湘江。吊古词香，招仙笛响，引兴杯长。远树烟云渺茫，空山雪月苍凉。白鹤双双，剑客昂昂，锦语琅琅。"③遥想千古不尽兴亡事，望莽莽九州如九点烟，品潇湘八景景景透出高远飘逸的意韵。吊古词中咀嚼出香意，招仙的悠扬曲调在耳边回响，引人兴味悠长。远方的丛林笼罩着茫茫烟月，到夜晚，雪后空山冷月静照多苍凉。看到白鹤双双起舞，剑客意气昂昂，朋友间的锦心绣语琅琅，只留得一片平和澹荡。细细品味，这首小曲道出了潇湘八景中最动人的意味。

当宋迪将"潇湘"二字编织进他的绘画语汇时，他就选择了诗。宋迪的八景我们现在无缘看到，但他所开辟的这种新的艺术图式，却在后代激起了共鸣。

洞庭秋月，这个名称使人想到张孝祥"洞庭青草，近中秋、更无一点风色。玉界琼田三万顷，著我扁舟一叶。素月分辉，明河共影，表里俱澄澈。悠然心会，妙处难与君说"的词境。在这纤云不起、上下虚明的世界中，湖水悠悠，心也悠悠。月光溶溶，心也溶溶。外在的世界是玉壶，你不由不以冰心来应对；天上的宫阙高明通透，你不由不以晶莹来承领。洞庭秋月，是影一般的世界，梦一样的春秋。月下湖边的一声笛韵，真将人的灵魂浸透。

潇湘夜雨：人在途中的苦楚。人的短暂的生命其实尽在漂泊中，何人不是人生旅途中的游子！秋风秋雨秋池涨，啼猿声声泪沾裳。江云黯黯，江水冥冥，密云堆冷，乱雨飞寒，游子于途中，当秋风萧瑟之时，寒夜凄迷，苍林呼号，凄婉之意如影影绰绰的光影，别有一种缠绵悱恻的意韵。白蘋洲，黄芦岸，渔人罢钓归，客子推篷看。浊浪排空，孤灯一盏，这潇潇夜雨，不知何时有个完。潇湘夜雨是哀怨和缠绵，是期待和宣泄。

而远浦归帆，则是另一番景象。落霞浮浦，晴岚漾波，长笛一声山月出，残灯数点微云起。在暮色苍茫之中，江面上但见孤帆一片，缥缥缈缈，恍似从天际而来。那个漂泊的游子，一蓑影，几竿风，伴多少日出日落，沐多少云水雨风，终于回来了。对乡关眷恋的愁怨，随暮云朝雨舒卷，如今都化为流水的回旋，这个画题画出了回归生命故乡的咏叹。

山市晴岚：依依村市，簇簇人家。小桥流水间，古木疏桐下，淡岚轻轻缭绕，山市一字排开。童叟往来，妇孺群集，

宋　（传）牧溪　渔村夕照　115.3×33.1厘米　东京根津美术馆藏

渔网挂在树上，樵夫数着柴钱，远望去，群山绵渺，昊天里，云鹤争先，正是湖天雨过晓色开，满市烟树带晴岚。此境在恬淡和悠然，而不是欲望的奔腾和残忍的角杀。你见那晴岚轻轻地起，就是艺术家淡淡的心。

烟寺晚钟：夕阳西下，烟光漠漠，云影参差，山林被霞光尽染，松风因日落而渐歇。偶尔听到高天中有鸟鸣传过，那是倦鸟飞向归程。霭霭的山林中，疏钟声起，这声音是这样的悠长，这样的空灵廓落，在空谷中回应。那深藏的山寺，将人的心灵拉向幽深。这幽深之境，是晚霞映照中的绚烂之境。

渔村夕照：楚云寒，湘天阔。斜阳影里，江心里少了渔舟，正是余光远映双凫外，残影半落孤鸿边。泊岸处，沙净水明，苇荡里，惊起沙鸥，小舟上，荡起一阵渔歌，伴着晚霞，收纶卷网，东邻西舍，相见呵呵，几个渔夫，柴门红树村，钓艇青山渡，担着满筐的鱼，提着小酒壶，踏上归家的路。

平沙落雁：想象中应该是一个秋天，天高气爽，水落石出，沙白而风轻。江面上，波痕浅浅，远水宽宽，天阔孤帆瘦，平沙连天边。远远地见得天幕上有星星点点的鸟迹，由远及近，由暗而明，渐渐地听到它们的叫声，轻轻地点落沧洲，三三两两，栖息芦苇丛，跳跳跃跃，嬉戏白沙洲，或饮或啄，或鸣或翔，演奏出一曲大自然的绝妙乐章。

宋　赵令穰　湖庄清夏图　19.1×161.3厘米　美国波士顿艺术博物馆藏

江天暮雪，这是八景中唯一涉及冬景的。此一图式选择的是冬天的薄暮，茫茫的江面上，下起了漫天的大雪，这与北国苍莽大地上的雪有所不同。透过迷离的暮色，山林和长川同色，苍树与天地一体，江面上，不知是浪花白，还是雪花白。在传统的八景画中，在这迷茫的世界中，一定有孤舟独钓于江中，一棹冰，一蓑雪。这真是一个清绝的世界。

艺术家将乾坤幽趣写入潇湘八景中。这是艺术家的理想天国，何尝不是普通百姓所期望的乐土。他们用渔歌唱晚的方式，唱出了陶渊明田园牧歌世界同样的旋律。它不是庙堂里的陈词，不是古寺里的幽歌，它所反映的是平民的生活，平民的乐趣，平民的悲忧。像渔村夕照、山市晴岚等，真是唱出了自己的歌，其间荡漾着浓浓的生活情调，像远浦归帆这样的画题，注满了理想的企慕，其中有很深的生命体验。它不是自诩为高明的艺术家的冥想，而是平常心即道的哲学在艺术领域的体现。

潇湘八景的拟定，当然与潇湘的地域有关，这里的奇山异水成就了它，水乡泽国的风韵滋润了它。潇湘八景之所以在东方艺术中有极高的地位，其间融合的是道禅哲学的精髓。画史上有"淡墨写出潇湘八景"的说法，就是这个意思。它强化了东方民族的审美情趣，空灵，平和，淡远，幽深，幽怨，还要加上优雅细腻，如同宋代瓷器那样精澄而渊雅。

潇湘八景图式洋溢着浓厚的诗意，没有诗意就没有潇湘八景，宋迪的八景图被人称为"无声句"，就是以诗来参透八景中的奥秘，使这一本已存在的画题焕发出新意。以潇湘八景为内容的艺术创造，开创了中国艺术的新时代，反映了中国艺术由外在世界走向心灵纵深的过程，突显了中国艺术自北宋以来更重视内在心灵体验的事实。

这里我们来看法常的几幅作品。南宋法常，即牧溪，临济宗杨岐派无准法嗣，曾住六通寺。个性爽朗，好饮酒，是一位有很高成就的僧人画家。有《潇湘八景图》传世。法常八景图传入日本，本来是个整体，历史上它已经分成单轴，四轴失传，现唯存《渔村夕照》、《远浦归帆》、《烟寺晚钟》和《平沙落雁》四轴，日本将其列为"国宝"或"重要文化财"。

如《渔村夕照》，画面处理极其细微，大部分笼罩在云雾之中，雾气隆重，似乎整个画面都随着云雾飘动。最为生动的是光线的处理，日光从浓雾中穿出，给山峦和江面笼上了梦幻般的色彩，渔村静卧于云树之下，几片若隐若现的小舟，沐浴着夕阳的余光，正在作返回之旅。真是诗意盎然。

《远浦归帆》，虽然表现的是急风暴雨，但并没有压抑和窒息，还是雾蒙蒙，雨蒙蒙，充满了机趣和平和。水面空阔，雨丝淡淡，真有船子和尚所说的"终日江头理棹间，忽然失济若为还。滩急急，水潺潺，争把浮生作等闲"的韵味。

我们通过这两件作品，即可看出潇湘八景中蕴涵的悠远诗意。

宋 （传）牧溪 远浦归帆 112.7×32.5厘米 日本京都国立美术馆藏

宋 （传）牧溪 平沙落雁 109.5×33厘米 日本出光美术馆藏

十一　口如扁担

山人画一条鱼，要见其"渊注处"，所谓
"渊注"，即海涵一切。山人知道，只有在
空明澄澈的心湖中，才会有无边的晚霞。
一个出没于破屋烂庵、穿戴如乞丐的人，
心中想的却是"天光云影"，是摄得更多的
"晚霞"，这正是八大清空幽远之不可及
处。

1684年，这一年，清初画家八大山人五十八岁，他决定离开盘桓三十多年的佛门，在经过一场大病之后，稍稍恢复了身体的正常状态，他开始大量地创作作品。其时远在扬州的陈鼎，一位历史学家，他没有见过八大，根据八大传到扬州等地的书画作品以及传说，写下了有关八大生平的第一篇传记《八大山人传》。在这篇传记的后面，扬州著名的刻书家张潮加了一段按语，其中有这样的话："又闻其于便面上，大书一'哑'字。或其人不可与语，则举'哑'字示之。"

八大山人（1626—1705）是中国历史上的顶尖艺术家，"哑"是一个与八大生活道路、艺术精神密切相关的问题，八大山人几乎成为一个"沉默的觉者"，但凡研究八大的人，很少不提到他的"哑"。"哑"是八大山人的一个徽记——他思想的徽记，也是他艺术的徽记。

他的"哑"，有三点值得注意：

第一，八大的确有这样的生理疾患。陈鼎《八大山人传》说八大父亲"亦工书画，名噪江右，然喑哑不能言"。而他在谈到八大的口疾时说："甲申国亡，父随卒，人屋承父志，亦喑哑。"这里的记载就有些暧昧难明。子"喑哑"，怎么是"承父志"？难道他的"哑于言"也是"父志"？

虽然陈鼎的记载多属猜测，不过据一些可靠的记载，八大的父亲确有喑疾。八大祖父朱贞吉有五子，分别是谋埠、谋趯、谋堌、谋觐、谋卦。李维桢《弋阳王孙贞吉墓志铭》说："堌、觐美如冠玉，而不能言，贞吉教之作画，都有致。"贞吉是一位有成就的书画家，他的第三、第四子承其书画之能，却都有不能言的残疾。其中第四子谋觐就是八大的父亲。八大的堂叔朱谋垔（1581—1628）在《书史会要》卷四中也说："谋觐，字太冲，号鹿洞，贞吉第六子也。生有喑疾，负性绝慧。"这里也提到了八大父亲有喑疾的问题[①]。

①这里说八大之父谋觐为贞吉第六子，则是误记。

八大父亲有暗疾，八大也有此病，不过时轻时重。八大的好朋友、临川县令胡亦堂《梦川亭诗集》卷三五言律《腊月二十六夜偶于棋局中得雪公开口》（自注：雪公游东湖多宝诸庵后，默默不语，入署旬余，引之使言点头而已，是夜不觉发声，故有此作），共有二首，之一云："多事憎尘鞅，无言静法华。高僧能见性，开口坠天花。隐坐棋当局，藏锋印画沙。青莲谁咒得，阿堵在三车。"之二云："一子系输赢，归宗大发声。弄拳殊有会，拄杖得无生。六出嫌多见，三缄太不情。广长舌自在，道腊即年庚。"此为胡亦堂临近1679年除夕所作。八大（八大在佛门时有"雪个"之号）1679至1680年于临川客居胡亦堂的寓所，这段记载说明八大在1679年的大多

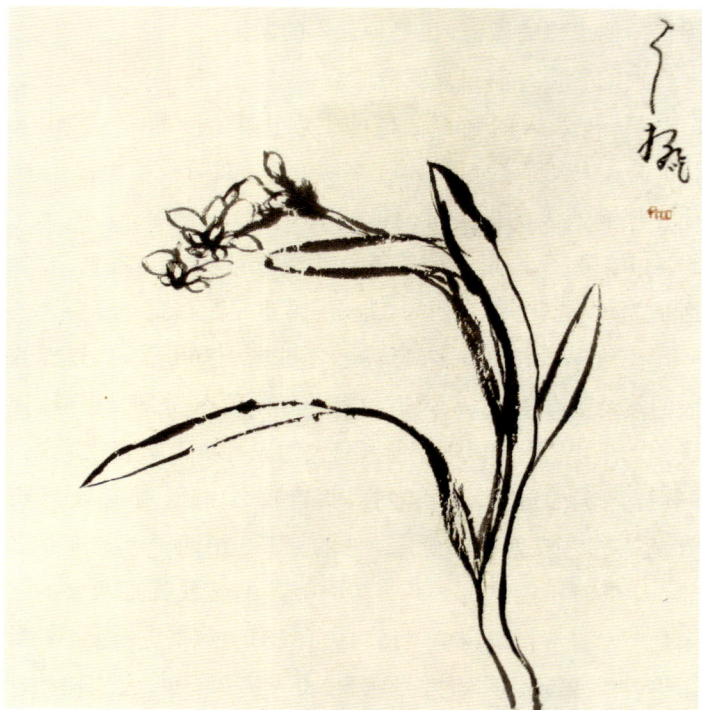

清　八大山人　杂画册之一　32.8×31.5厘米　苏州灵岩山寺藏

数时间里不能说话。1680年岁末回南昌之后，他的口疾并没有痊愈。

《艺苑掇英》第二十三辑载八大山人杂画册，为北京画家周怀民所藏，十二页，册后有吴之直题跋一开，题跋作于康熙壬午（1702）："余乡八大山人作画颇得斯旨。余与山人交几二十年，见其画甚夥，山人画凡数变，独其用墨之妙则始终一致，落笔洒然，鱼鸟空明，脱去水墨之积习。往山人尝以他故，泛滥为浮屠，逃深山中，已而出山，数年对人不作一语，意其得于静悟者深欤！……壬午春仲，南昌吴之直。"[①]

吴之直，字赤苑，是一位活跃于南昌的徽商诗人，与八大交往甚密。这里就记载八大离开佛门到南昌之后，"数年对人不作一语"。与八大朝夕相处的友人的记载是可靠的，这说明八大不良于言的疾病在回南昌之后并没有好。

大约在1688年前后，当时著名文人邵长蘅客居南昌，与八大相善，长蘅有《八大山人传》，其中特别记载了一次与八大深夜长谈的情况。传记中说，八大有时"辄作手语，势已，乃索笔书几上相酬答"，显然，到这时，八大说话还是不流畅，无法进行正常的交谈。

第二，八大山人是一位遗民，他的喑哑，一般认为又有国变的因素。关于这一点，邵长蘅说："世多知山人，然竟无知山人者。山人胸次，汩渟郁结，别有不能自解之故，如巨石窒泉，如湿絮之遏火，无可如何，乃忽狂忽喑，隐约玩世。"他认为八大之喑哑不语，有愤懑不平之气寓于其中。这一观点多有人言及。陈鼎的"人屋承父志，亦喑哑"，就暗含遗民情怀在其中起作用的意思。八大的好友裘琏在一篇相关的文字中提到："予疑其有托云然"，也透露出八大不说话有遗民情感的因素。

另外，八大的"哑"，又常被看作鄙弃俗世思想的表现。

① 杨仁恺先生曾判周怀民所藏八大山人花鸟册十二开为伪作（见其《中国书画鉴定学稿》，189页，沈阳：辽海出版社，2000年）。我以为难遽下断言，即使此为伪本，也当有真本为其仿作。因为题跋者吴之直的确是八大山人晚年的重要友人。

陈鼎说："左右承事者，皆语以目，合则颔之，否则摇头，对宾客寒暄以手，听人言古今事，心会处，则哑然笑……"张潮所说的"又闻其于便面上，大书一'哑'字。或其人不可与语，则举'哑'字示之"，就有一种暗示，八大可能并不是真正哑，愿意交谈的，就不哑；不愿交谈的，就挂出免于言的招牌。

第三，我们知道，禅宗主张"不立文字"，强调妙悟，反对知识。在禅宗看来，一依知识，就会有分别，以人的理性分别世界，世界就会被撕裂，所得出的世界形象就是虚假的。禅宗要开启生命体验的门，以心灵去体悟，以真实生命契合世界。所以，人们又说禅是"不语禅"，胡亦堂赠八大的诗中也写道："浮沉世事沧桑里，尽在枯僧不语禅。"八大的画，其实就是他的"不语禅"。"不语"，是他的一个生理缺陷，又是他的艺术哲学的基本原则。

稍加梳理就可以看出，八大是如何"利用"他的"哑"的。按常理，一个身体有残疾的人，一般不会有意张扬。八大正相反，他似乎很喜欢张扬他的"哑"，这倒不是因为他为自己的生理缺陷洋洋得意，也不是狂癫者的反常举动，而在于通过对"哑于言"的强调，"利用"身体的这个缺陷，表达他"不立文字"的思想。

由此，我们看八大有一系列张皇其"哑"疾的举动，就不难理解了。

八大晚年画中常有"个相如吃"的花押。"个"指的是八大（雪个）自己，相如指司马相如，史书载司马相如有口吃的毛病。《史记·司马相如列传》："相如口吃而善著书。"嵇康说："司马相如者……为人口吃，善属文。"[1]八大的意思是，自己与司马相如一样，都有口吃的毛病。其核心意思，还是不立文字。

①《全三国文》卷五十二。

八大有一枚闲章，叫"口如扁担"。禅宗说："不蒙你眼，你看什么；不捂你嘴，你说什么。""口如扁担"，就是闭起口来说，以不说为说。据《五灯会元》卷六记载福州牛头山微禅师事："上堂：三世诸佛，用一点伎俩不得。天下老师口似扁担，诸人作么生？大不容易，除非知有，余莫能知。"《五灯会元》卷十六记载江西洪州光寂禅师说："眼似木突，口如扁担，无问精粗。"八大是要往口中横一根扁担，就像禅门一个故事所说的，有一个人爬上树，以口咬树枝，手和脚都离开树干，这时树下有个人问："什么是佛？"你要是回答，一开口就掉下来了。

八大还有一枚"其唲力之疾与"的白文印章。唲，即口。与，语气词。大意是：我的口有说话的毛病呵。这枚印章出现在1682年之后，此时正是他的口疾慢慢恢复的时期。这枚图章的内容，既是实记身体状况，又表达了自己的思想选择，即关起知识的口。

八大这方面思考的痕迹非常明显，如1689年所作的《十六应真颂》中的一则说："屡至千价一数，不快漆桶；维

清　八大山人　口如扁担印

清　八大山人
其唲力之疾与印

清　八大山人
个相如吃花押

语万千佛一数,不快漆桶;以其千七百立地成佛,个相如吃,只道不快漆桶。"所谓"不快漆桶",乃是"口如扁担"的另一种表述。禅宗以"不快漆桶"来表现不分别的境界,意即不计较,无知见,也就是八大所说的"懵懂汉"。

八大晚年名其斋为"寤歌草堂",此名来自《诗经·卫风·考槃》:"考槃在涧,硕人之宽。独寐寤言,永矢弗谖。考槃在阿,硕人之薖。独寐寤歌,永矢弗过。考槃在陆,硕人之轴。独寐寤宿,永矢弗告。"考槃,筑木屋,在水边,在山坡,在野旷的平原,这是隐逸者的歌。诗写一个有崇高追求的"硕人",有宽阔的胸襟、坚定的意念、悠闲的体验,任凭世道变幻,我自优游。此人之所以为"硕人",就在于其独立性:"独寐寤言"、"独寐寤歌"、"独寐寤宿",独自睡去、醒来,独自歌唱。诗中反复告诫:永矢弗谖、永矢弗过、永矢弗告,永远不要忘记自己的信念,永远不要和世俗过从,永远保持沉默,不将自己的心昭示于人。八大一生似乎正是这样做的。这位沉默的天才,在心中品味着人生的冷暖。

北京嘉德拍卖行1996年秋季拍卖会见一件山人的册页,其中一幅书有苏轼的《大别方丈铭》:"闭目而视,目之所见,冥冥蒙蒙。掩耳而听,耳之所闻,隐隐隆隆。耳目虽废,见闻不断,以摇其中。孰能开目,而未尝视,如鉴写容?孰能倾耳,而未尝听,如穴受风。不视而见,不听而闻,根在尘空。湛然虚明,遍照十方,地狱天宫。蹈冒水火,出入金石。无往不通,我观大别,三门之外,大江方东。东西万里,千溪百谷,为江所同。我观大别方丈之内,一灯常红。门闭不开,光出于隙,晔如长虹。问何为然,笑而不答,寄之盲聋。但见庞然,秀眉月面,纯漆点瞳。我作铭诗,相其木鱼,与其鼓钟。"八大所书这首铭语,中心意旨就是不立文字,超越知识,一味妙悟。正可以看作他的"不语禅"的总结。

　　身体的"哑"和张皇其"哑"，当然不是同样的问题，前者是身体的缺陷，后者是通过这样的缺陷，强调一种哲学思想和艺术观念。在八大，他似乎将二者有意地混在一起；后来研究八大的人，常常落入他设置的"有趣的圈套"中。

　　对于八大来说，不立文字并不是一个简单的艺术原则，而是他终身奉行的生命大智慧。

　　在禅宗，不立文字，就是无念、无住。无念和无住又是联系在一起的。无念，是不存心念，不是对念的排除，而是超越于念，于念而不念；无住，是没有沾系。只有无念，才能无住，即无念即无住。禅宗的无念、无住之说，简而言之，就是无念心法。无所系缚，不沾不染，如寒塘雁迹，不留痕迹，一切都在平常中，解除目的的求取，解除知识的束缚，还世界一个真实相。让青山自语，让白云自语，花自落，水自流，野渡无人舟自横，不是真正的"无人"，而是人心退出，天心涌起。

　　八大张皇其"哑"，就是强调这一无念心法。今存留的八大作品和文献资料中，这方面的内容很丰富。他提出不少与此相关的概念，如"天闲"、"涉事"、"天心"等，来突出这一思想。

　　八大晚年有"天心鸥兹"的款识，并有一枚"天心鸥兹"印章。今之论者多识此为"忝鸥兹"，意也可通。但这个"忝"乃谦辞，是谦辞，就有高低之别、尊卑之情，虽不足，然忝列于其中，勉强与鸥鸟同列，这不符合八大山人所奉行的诸法平等的思想。另外，八大山人的祖父贞吉晚号"寸心居士"，八大山人的哥哥名仲韶，晚年有号"云心头陀"，可见"天心鸥兹"之号与八大的家庭有关。

　　这本于《列子》中一个故事，故事说有一个住在海边的人，喜欢鸥鸟，每天早晨到海边，和鸥鸟一起玩乐，成百上千

清　八大山人
天心鸥兹印

的鸥鸟落到他的身边，一点也不害怕。他父亲知道后，就对儿子说："为我抓一只来。"次日早晨，此人照例到海边，但鸥鸟在他的头上飞来飞去，不再落下。因为他有了机心，有了贪欲，有了目的，而鸟儿是忘机的。八大要做一只有"天心"的鸥鸟，与世界游戏。

在中国艺术中，"忘机"成为一种境界，像唐代画家、诗人张志和号称"忘机鸟"，他的"江上雪，浦边风，笑著荷衣不叹穷"的讴歌，他的"乐在风波不用仙"的境界，就是无心。苏轼词中说："谁似东坡老，白首忘机。"也在彰显一种无心的境界。

八大的"天心"，是一片天光自明、真心乍露的境界。他在《题梅花》诗中写道："泉壑窅无人，水碓春空山。米熟碓不知，溪流日潺潺。"云来鸟不知，水来草不知，风来石不知，因为我无心，世界也无心。在无心的世界中，云无心以出岫，溪流潺潺，群花自落。他又有题画诗写道：

> 春山无近远，远意一为林。
> 未少云飞处，何来入世心。（《题山水册》）

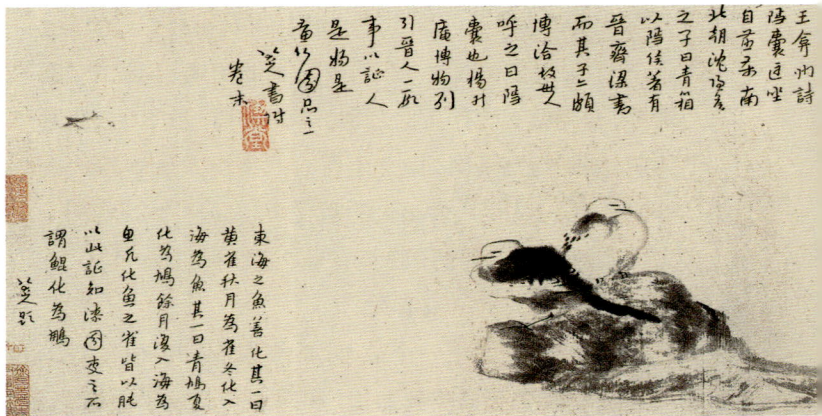

无心随去鸟，相送野塘秋。
更约芦华白，斜阳共钓舟。（《元题》）

侧闻双翠鸟，归飞翼已长。
日日云无心，那得莲花上。（《题荷花翠鸟》）①

第一首说在无念心境中，群山已无远近，远近是人的空间感，人心退去，天心涌起，山林禽鸟都是我的心。第二、三首描绘的也是与"入世心"决绝的境界，在这里斜阳依依，轻风习习，心随飞鸟去，意共山林长，白云卷舒自如，莲花自开自合，一切自由自在，正是白云终日闲度，莲花全然不知。第二首中的"芦华白"，就来自禅宗。禅宗曾以"芦花两岸雪，江水一天秋"来比喻禅悟的境界。元代吴镇《渔父词》中的"点点青山照水光，飞飞寒雁背人忙。冲小浦，转横塘，芦花两岸一朝霜"，也受到禅境影响。八大此处表达无心而融入世界的境界。

"涉事"二字在八大后期作品中是个特别的款识，中国绘画史上没有此例。他将绘画称为"涉事"，突出的就是无

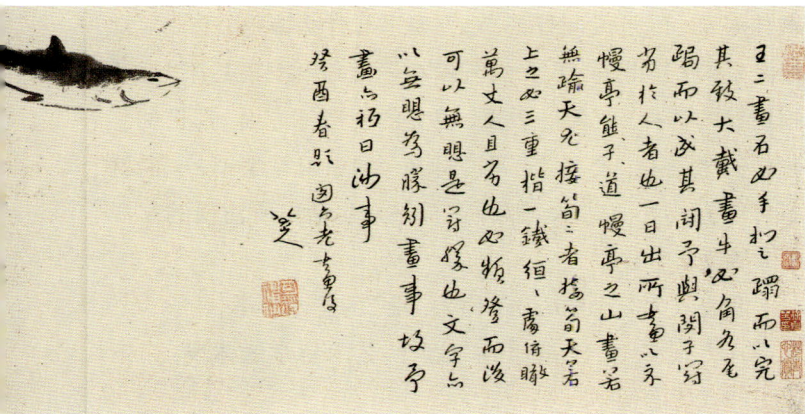

清　八大山人
鱼鸟图卷
25.2×105.8厘米
上海博物馆藏

① 此后二首诗，多用佛意。如"更约芦华白"，语本洞山，有僧问洞山良价："如何是空劫已前自己？"良价曰："白马入芦花。"秋日的芦苇，灰色的茎，白色的花，而白马落入这白色迷茫的世界，混成一体，无有分别。"侧闻双翠鸟，归飞翼已长"，也用的是佛教典故，说归本归空之意。佛经《行宗记》卷二上说："鸟翅者，昔有比丘住林间，正患夜半众鸟悲鸣。佛教乞鸟两翅，即飞入林不复还矣。"这个比丘在佛的指点下，乞鸟的双翼，遽然飞去。而八大山人也借翅而飞，取其空意。

心思想。这一概念是从禅门"涉事而真"思想中直接转出的，成为贯穿于他晚年艺术的核心思想线索。八大山人不是艺术理论家，但围绕"涉事"的诸种书写，也涉及他的潜在艺术观。他晚年艺术所突出的思想是：真性是艺术的灵魂，对世界永恒价值的追求是其艺术的理想境界，涉事涉尘中深藏着他欲安顿心灵的生命智慧，生命安顿是建立在他的无念心法之上，而随意而往的心法又直接影响他艺术形式的构造。

八大融道禅哲学精神，以无念为法，强调以光明朗洁的心灵照耀世界，在无遮蔽状态中显现真实。他所提倡的无念思想，就是禅宗所倡导的"平常心是道"。八大深谙赵州大师"吃茶去"的哲学深意，他在《十六应真颂》中有这样的句子："咱吃盏茶，塞白时，尔在泰山庙里腿牙齿。"暗喻的就是"吃茶去"的禅宗公案。马祖说，平常心就是"无造作，无是非，无取舍，无断常，无凡圣。故《经》云：非凡夫行，非圣贤行，是菩萨行"，去除目的、欲望、造作，去除一切分别见，就连成圣成佛的欲望也去除，平常心是菩萨行，是平等一禅心，是诸法平等的真正落实。《无门关》第十九则记载了一首著名的颂："春有百花秋有月，夏有凉风冬有雪。若无闲事挂心头，便是人间好时节。"哪里有什么特别，平平常常地做事，就是得道。八大的艺术在平常心中浸染甚深，他的画题材的选择，笔墨的表现，境界的创造等方面，都贯彻了这样的平常心。没有"平常心即道"的中国哲学精神，也就不可能有八大的艺术，那种在极平常生活中所涌现的高严生命感受。

我将八大无念的心法，称为"哑"的艺术哲学。

八大很多画，正是他的"哑"的艺术哲学的体现。以下谈一些具体的例子。

八大山人生平很喜欢画水仙，他的水仙无论在造型、风味、笔墨的处理上，都与画史上这类题材的作品不同。他的水仙在清丽出尘之外，又多了一些神秘风味。旅美画家周士心先生在谈到对八大绘画印象时说："二十年前作客大风堂，得饱览八大山人名迹……尤其对那幅石涛和尚两次品题的水仙手卷，绰约简逸兼而有之，至今记忆犹如新，梦寐难忘。"[1]

从造型上看，八大的水仙几乎形成程式化的表现方式。画史上的水仙图多画水仙一丛，如元代钱选和明代仇英的

①周士心《八大山人及其艺术》，86页，台北艺术图书公司，1974年。

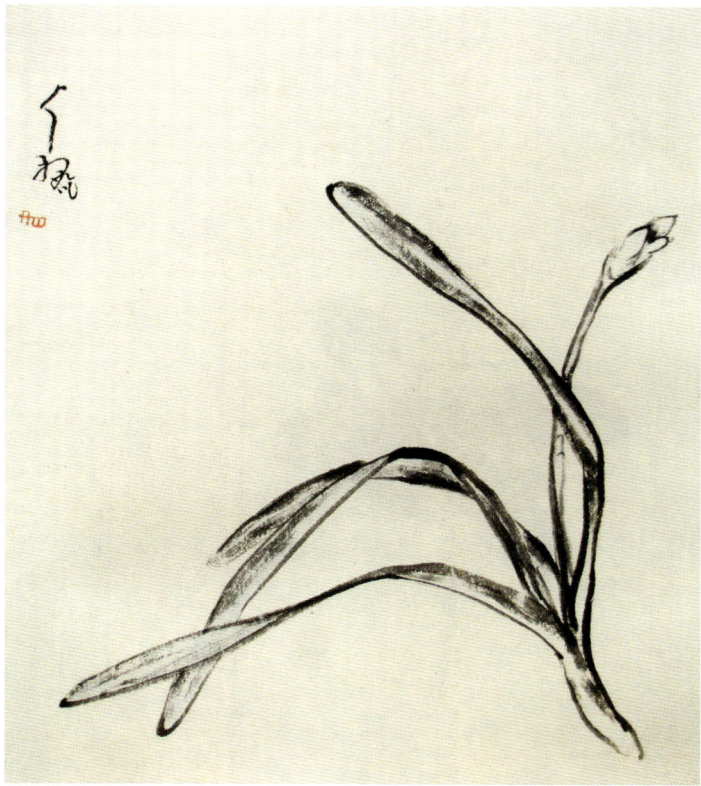

清　八大山人　安晚册之十九　31.8×27.9厘米　日本京都泉屋博古馆藏

清　八大山人　涉事册之一　21.9×28.8厘米　美国弗利尔美术馆藏

清　八大山人　丁香花图　20.1×14.6厘米　美国弗利尔美术馆藏

水仙图就是如此。而八大的水仙图画一朵水仙花，几片水仙叶。往往单茎由下横空而来，姿态柔劲婉转，分而为数片花叶，花叶呈盘旋姿态，或短或长，微妙地展开，轻轻地托起一朵水仙花，水仙或含蕊待放，或奇花初发，优柔地伸展她的身姿，叶和花参差呼应，如在微风中轻轻地舞动。花叶摩挲间，如有笑意；参差错落中，似在为人指引着通向彼岸的路，具有强烈的仙人指路的意味。

这使我想到被称为禅门"第一口实"的佛祖拈花、迦叶微笑的故事：

> 世尊在灵山会上，拈花示众。众皆默然，唯迦叶破颜微笑。世尊云：吾有正法眼藏，涅槃妙心，实相无相，微妙法门，不立文字，教外别传，付嘱摩诃迦叶。[①]

这则故事并不见载于佛经，或疑为禅门的"捏造"，但它在禅门具有至上的地位，禅宗所谓"教外别传、不立文字、直指人心、见性成佛"的十六字心传就来自这一故事。佛祖拈花，迦叶破颜微笑，不是知识概念的解说，而是心灵的契会。

八大的水仙画所画的就是这一故事的精神。水仙的叶片微张，成了手形，白色的微花由叶间伸出，像从指间溢出，而迎风微笑的花儿，如同向人示意。传说在灵山法会上，信众向佛祖所献的是金色波罗花，八大却出人意表地以水仙代之，来说一个神奇的故事。

八大终身推崇这一无言的境界。八大的水仙，是无言的水仙，是微笑中妙悟的水仙。八大风姿绰约的水仙，的确有宣扬他"哑"的艺术哲学的用意。

《睡鸟图》，是八大晚年的至爱。美国弗利尔美术馆藏有八大十一开的花鸟册，其中第九开为《瞑鸟图》，画一枯枝

[①] 此据《联灯会要》卷一，禅门《人天眼目》、《无门关》、《五灯会元》、《广灯录》等均有记载，内容大体相同。

上的睡鸟，上有"八大山人画"的款识以及"八还"朱文印。

八大有四开《花果册》，之二为一瞑鸟，卧于迷离的怪石之上，石头只以淡墨草草地点出轮廓，再以笔尖略染数点，给人若有若无的感觉，突出无所用心的韵味。

现藏于广东佛山市博物馆的八大的《杨柳浴禽图轴》，是其晚年的作品。画怪石旁的枯柳，柳树柔软的枝条在寒风中舞动，枯枝上二鸟独脚站立，静静地栖息，微闭的眼睛，似乎正在进入梦乡。这幅作品同样突出的是悠闲、无念，一切似乎都离它们远去，它们在享受着这世界的宁静。

八大的《睡鸟图》显然与他的不立文字的"哑"的哲学有关。石涛曾画有《睡牛图》，自题诗道："牛睡我不睡，我

清　八大山人　瓜鸟图　24.5×22.5厘米　上海博物馆藏

清　八大山人　眠鸭图　91.4×50厘米　广东省博物馆藏

睡牛不睡。今日清吾身，如何睡牛背？牛不知我睡，我不知牛累。彼此却无心，不睡不梦寐。"牛睡了，我睡了，牛不知我睡了，我也不知牛睡了，不秉一念，不存一心，一切都自由自在地存在，互不关涉地存在，互不影响地存在。八大的瞑鸟表达的与石涛的意思是一致的，其中突出的就是无念的心法。

猫也是晚年八大的一个重要题材，他有很多猫石图传世，其中表达的思想值得玩味。

八大研究界最负盛名的专家、已故美籍中国画研究者王方宇先生有《八大山人的猫石图》①一文，对八大猫石图收藏和真伪情况作过深入研究。在八大这类传世作品中，他的猫与画史上的猫是不同的，八大笔下的猫几乎都作睡状，或是眯着眼。即使在高高的山上，那只猫也还是睡着的。

猫为何都作睡状，八大这方面的用意很少有人谈过。王方宇先生曾尝试进行解读，他举山人一幅猫图，其上有题诗："水牯南泉拾到尔，猫儿身毒为何

① 《八大山人的〈猫石图〉》，北京：《文物》，1998年第4期。

清　八大山人　猫石葡萄图
190×48.5厘米　四川大学博物馆藏

人。乌云盖雪一般重，云去雪消三十春。"认为这首诗谈的是"变化"的思想："南泉死了变成了水牯牛，猫死了变成什么呢？"后两句"云去雪消"，王先生说应从"变化"的思想去判断，就是"过了三十年僧人生活以后，终于变换摆脱了和尚的羁绊"[1]。这样的理解与八大的思想显然不合。

八大喜画睡猫，来自他的曹洞宗门学说。洞山良价有关于"牡丹花下睡猫儿"的说法，后成为曹洞宗的著名公案。据《禅宗颂古联珠通集》卷二十四说良价之事："洞山果子谁无分，掇退台盘妙转机。今夜为君轻点破，牡丹花下睡猫儿。"牡丹花下睡猫儿，代表一种妙悟的禅机，就是不立文字，无心无念，如牡丹花下的睡猫，大是懵懂。那是曹洞的当家学说。

博山无异禅师《广录》卷五说："横拈直撞，无情识，生灭场中不涉伊，识得个中何所似，牡丹花下睡猫儿。"这段上堂语阐述了他对不语禅的看法，"无情识"、"生灭场中不涉伊"，就像一只牡丹花下的睡猫，不挂一丝，瞑瞑没没，不起思量。八大是"禅林拔萃之器"，曾经做过寺院的住持，他的艺术思想打上了曹洞的深深烙印。这就是一个例证。

八大研究中还有一个所谓"眼睛问题"。熟悉八大的人都知道，八大画中，野鸟家禽以及猫等动物，那一双（或一只）眼睛，常常是冷冰冰的，给人很深的印象。

现在的解释大多认为，这是八大愤怒情感的表达，其中蕴涵着对清人的蔑视、憎恨，是他故国情感的一种表现形式。我以为，这种眼神是"冷冰冰"的，但绝非"恶狠狠"的。八大刚去世时，艺术史家张庚就说"八大山人"的落款像"哭之笑之"，哭笑不得，失去了家园的遗民，通过落款表达痛苦和愤怒的情感。这一说法至今还有市场。其实，张庚的"哭之笑之"的发挥是没有根据的。说八大画中的眼神是愤怒

清　八大山人　鸟

的眼神，同样是缺乏说服力的，因为这与八大的思想相矛盾。

　　八大是位"画僧"，虽然他晚年离开寺院，但他的思想仍然以佛教为主流，这一点没有改变。佛教有"无喜无嗔"的无喜怒哲学，强调"不涉情境"。元代画家倪云林在题画诗中就有"戚欣从妄起"的说法，准确地概括了这一思想。曹洞宗作为禅宗流传中两个最重要的宗派之一，对此有坚决的态度，并且在理论上有所发扬。如曹洞宗提出一种叫做"情渗漏"的妄念，就是为喜怒哀乐情感所束缚的心念，这样的心念是不自由的。在曹洞宗看来，一入喜怒，即生情感，所以要"不滞情境"。"一滞情境"，就流转于情感取舍之途。人有欲望，其行为就会有目的，在目的的驱使下，就会去追逐。追逐在欲海中，就会失落真性。在追逐中，必有所受，得之则喜，失之则忧，喜怒哀乐之情必由之而起。于是，人们陷入了情的困境中。

1659年，年轻的八大在《传綮写生册》上，曾题诗道：

> 月自不受晦，澹烟濛亦好。俯仰瞯晴轩，篱根空皎皎。
> 此时世上心，所习惟枯槁。谁解惜其花，长夏忞幽讨？

月自明，即使有澹烟蒙其上，也不失其本自的光明。而“晦”是人所造成的。人的心中有遮蔽，月则无光。世界中一切，本自皎皎，即使是野田篱落，也自有生命之光辉。“此时世上心，所习惟枯槁”：说的是造成人心灵遮蔽的根源，语本洞山良价。良价认为，人存在一种“情渗漏”的妄念，“情渗漏”就是“滞在向背，见处偏枯”[①]。“枯槁”，即为情欲所滞碍，在目的的求取中，失落了真性，只能每走偏枯，造成对世界的误诠。

不受人的情感所左右，其实是我国哲学中的重要思想。庄子的“至乐无乐”就是无喜怒。陶渊明的“纵浪大化中，不喜亦不惧”的解脱方式，也表达了类似的思想。

由此，我们来看八大的所谓“眼神问题”。八大画中这双（或这只）不同凡俗的冷眼，其实是无喜怒的眼睛，枯树上小鸟眼无恐惧之色，山林中悠闲的鹌鹑眼也无快乐神情，不起涟漪，不生波澜。

这些古怪的眼神并非作愤怒之状，而是呈“不视”之态。白眼多，黑眼少，空空落落。这是一双无喜怒的眼睛，既不欢欣，也不愤怒。

如《安晚册》之六画一条鳜鱼，眼神怪异，除了鱼，空无一物，显得鱼水空明，极清远之至。山人有题识云：“左右此何水，名之曰曲阿。更求渊注处，料得晚霞多。八大山人画并题。”诗中所用典故出自《世说新语·言语》：“谢中郎经曲阿

①《人天眼目》卷三引明安云：“谓情境不同，滞在取舍，前后偏枯，鉴觉不全，是识浪流转途中边岸事，直须字字中离二边，不滞情境。”

后湖，问左右：'此是何水？'答曰：曲阿湖。谢曰：'故当渊注淳著，纳而不流。'"

谢安的弟弟谢万，每遭贬抑，并无沮丧，心平如水。八大在诗中写道，湖水静卧于群山之中，如镜子一般，天光云影在其中徘徊，山林烟树在其中浮荡。山人画一条鱼，要见其"渊注处"，所谓"渊注"，即海涵一切。山人知道，只有在空明澄澈的心湖中，才会有无边的晚霞。一个出没于破屋烂庵、穿戴如乞丐的人，心中想的却是"天光云影"，是摄得更多的"晚霞"，这正是八大清空幽远之不可及处。如果他画的是一双愤怒的眼神，岂不造成与诗意的极大冲突？如果将理解局限在故国情感方面，其实就忽视了八大在这里表达的深邃内涵。

清　八大山人　安晚册之六　31.8×27.9厘米　日本京都泉屋博古馆藏

十二　秋月正孤

八大山人艺术世界中的孤危意识与柳宗元
的孤独感颇有相通之处，八大山人孤独感
的主旨不在哀婉自怜，它所突出的有两方
面重要内容，一是自尊；一是无待。这正是
道禅哲学的精髓。

八大山人是一位独立高标的艺术家．他有一位朋友叫蔡受，在江西青云谱八大山人纪念馆所藏的著名《个山小像》中，就有蔡受的跋文。蔡受《鸥迹集》中，载八大山人题扇诗，其中有这样一句："西江秋正月轮孤。"[①]在我看来，八大山人这句诗，真是其一生艺术的很好概括。西江，即江西，那里曾是南禅的正脉，洪州禅一口吸尽西江水的精神对山人毕生产生影响。秋天的夜晚，天冷气清，山人的艺术何尝不是如此，凄冷的格调，清逸的思致，正是山人艺术最感人的地方。而一轮孤月当空而照，是山人一生追求的最高艺术境界、人生境界。我们知道，八大山人的艺术中有一种孤危的意识，孤独的精神，孤往的情怀。他的画虽然简而淡，但却是苦心孤诣的结晶。读八大的作品，总感到清明中的冷逸，残缺中的圆满，虚灵中的充实。八大山人的画，在孤独中透出崇高精神。

何绍基在题八大《双鸟图》时说："愈简愈远，愈淡愈真。天空鹜古，雪个精神。"用语极有气势。八大的孤绝、孤往、孤危精神，穿过浩浩天宇（空）、莽莽太古（时），独立高迥，落落不凡。八大山人的画，就是一丸冷月，四方四隅，唯我独大。不孤不大，唯有其孤，故有其大。云林、石涛、八大都是以哲学的智慧来作画，云林的艺术妙在冷，石涛的艺术妙在狂，八大的艺术妙在孤。

现藏于云南省博物馆的《孤鸟图》，作于1692年，是山人晚年的作品，纵102厘米，横38厘米。这幅立轴，从画面左侧斜出一枯枝，枯枝略虬曲，在枯枝的尽头，画一袖珍小鸟，一只细细的小爪，立于枯枝的最末梢之处。似展还收的翼，玲珑沉着的眼，格外引人注目。除此之外，别无长物，简易至极。但在这样的画面中，看出了山人精心的构思，窥出了"天空鹜古"的雪个精神。在用笔上，正是吴昌硕所极赞的老辣

① 蔡受《鸥迹集》卷二十一载。原文是："雪师为徂徕叶子作扇画：巨月一轮，月心兰一朵，其月角作梅花。题诗云：'西江秋正月轮孤，永夜焚香太极图。梦到云深又无极，如何相伴有情夫。'"

清　八大山人　孤鸟图　102×38厘米　云南省博物馆藏

沉雄，墨中无滞，笔下无疑。此画在构图上突出"孤而危"的特点，孤枝，孤鸟，可见的独目，撑持的独脚，总之，画家用心地告诉你，这是多么孤独的世界。空空如也，孤独无依；色正空茫，幽绝冷逸。

这幅画耐人咀嚼之处在于，枝虽枯，而有弹性，势虽危，而不失宁定的气息。尤其是鸟的那只眼睛，并没有逡巡和恐惧，相反却充满了安宁。虽然是孤立无依，但似乎它并不在于要寻个依靠。有所依待，庄子反对，禅宗反对，他八大山人也是反对的。更使人难忘的是，山人是带着谐谑的心情来强化"孤危"的，真可以说是吟味孤危。

这种吟味孤独的思想，在著名的《安晚册》中也有体

清　八大山人　安晚册之十　31.8×27.9厘米　日本京都泉屋博古馆藏

现，这组二十二开的册页是应扬州的一位徽商朋友程道光之请而创作，现藏于日本京都泉屋博古馆，是山人晚年的代表作品之一。第十开为《荷花小鸟》，照例是以简笔画荷枝，参差水上，一枝上落有一只小鸟，小鸟以一足兀立，长喙低垂，一目似闭还睁，很悠闲，很恬淡。不画鸟觅食的专注，却画独鸟的怡然。在这风平浪静的角落，在这墨荷隐约的画面中，没有声张，没有干扰，没有为欲望的寻觅，只有安宁与寂寞。

八大山人以诗来吟味这孤独的意味。《题孤鸟》诗云："绿阴重重鸟间关，野鸟花香窗雨残。天遣浮云都散尽，叫人一路看青山。"又有《题枯木孤鸟》诗道："闭门寂寂掩中春，坐看枯枝带雨新。鸟自白头人不识，可堪啼向白头人。"孤独非但没有给他带来精神的压抑，反而使他感到闲适和从容，感到挣脱一切羁绊之后的怡然。虽然画面是孤独的鸟，枯朽的木，但山人却听到间关莺语花底发，体会到盎然春意寂里来，疏疏的小雨荡漾着香意，淡淡的微云飘洒着清新。他透过残窗，一路地看；他沐浴着岚烟，一路地看。寂寞的画面，枯朽的外表，黝黑的墨色，这些哪里能"掩"得了他胸中的春情以及生命中的惊悸。

他在《题竹石孤鸟》的五律中写道："朝来暑切清，疏雨过檐楹。经竹倚斜处，山禽一两声。闲情聊自适，幽事与谁评。几上玲珑石，青蒲细细生。"这样的诗简直有王维的境界。王维那首著名的《书事》小诗写道："轻阴阁小雨，深院昼慵开。坐看苍苔色，欲上人衣来。"无边的苍翠袭人而来，亘古的宁静笼罩着时空，蒙蒙的小雨，深深的小院，苍苍的绿色，构造成一个梦幻般的迷蒙世界，一位孤独的静处者，几乎要被这世界卷去。简单的物事，为人们创造了一个无限回旋的世界。王维写片青苔来品味生命，八大画只孤鸟来扪听妙音。几上玲珑石，青蒲细细生。我喜欢这样的诗句深层的精神，我似乎看到了藏在这诗后面的画——山人所隐去的世界——那细细地蔓延着的青蒲。

为了突出孤而危的特点，八大山人很喜欢通过物象之间对比所形成的张力来表现。如江苏泰州市博物馆所藏的《秋花危石图》，纵112厘米，横56.5厘米，作于1699年。画的中部巨石当面，摇摇欲坠，山人以枯笔狂扫，将石头力压千钧的态势突出出来。而在巨石之下，以淡墨勾出一朵小花，一片微叶。巨石的张狂粗糙，小花的轻柔芊绵，构成了极大的反差。山人用墨如醉，但哲心如发。花儿不因有千钧重压而颤抖、萎缩、猥琐，而是从容地、自在地、无言地开着，绽放着自己的生命。危是外在的，宁定却是深层的，生命有生命的尊严，一朵小花也有存在的因缘，也是一个充满圆融的世界。外在的危是可以超越的，而生命的尊严是不能沉沦的。这就是八大山人的格调。他不是要跟世界角逐，他只是强调重视生命的尊严，于生命以嘉赏。

这使我想到了我在和同学们讨论禅宗时说到的神秀的境界。神秀临死前，给他的弟子留下三个字，"屈"、"曲"、"直"。这三个字，可以说是对人存在状况的哲学思考，人如果不独立思考，不自己解救自己，就只有屈服的命。他将永远是一个奴隶，权威的奴隶，理性的奴隶，一切习惯的奴隶，来到这个世界，就是为了重复别人的路程——一个做稳了奴隶的人。这就是"屈"，屈服的"屈"。第二个是"曲"，一个独立的思想者一生都在和不明的力量角逐，这种曲是强大的张力，不像奴隶一样屈服在地下，而是无限上升的力量，螺旋式的不断上升的力量。如一棵幼苗，破土而出，告别了黑暗和蒙昧，以孱弱的身躯，迎接生命的朝阳。最后是"直"。人要在这个世界上注册自己的意义，这就是我的意

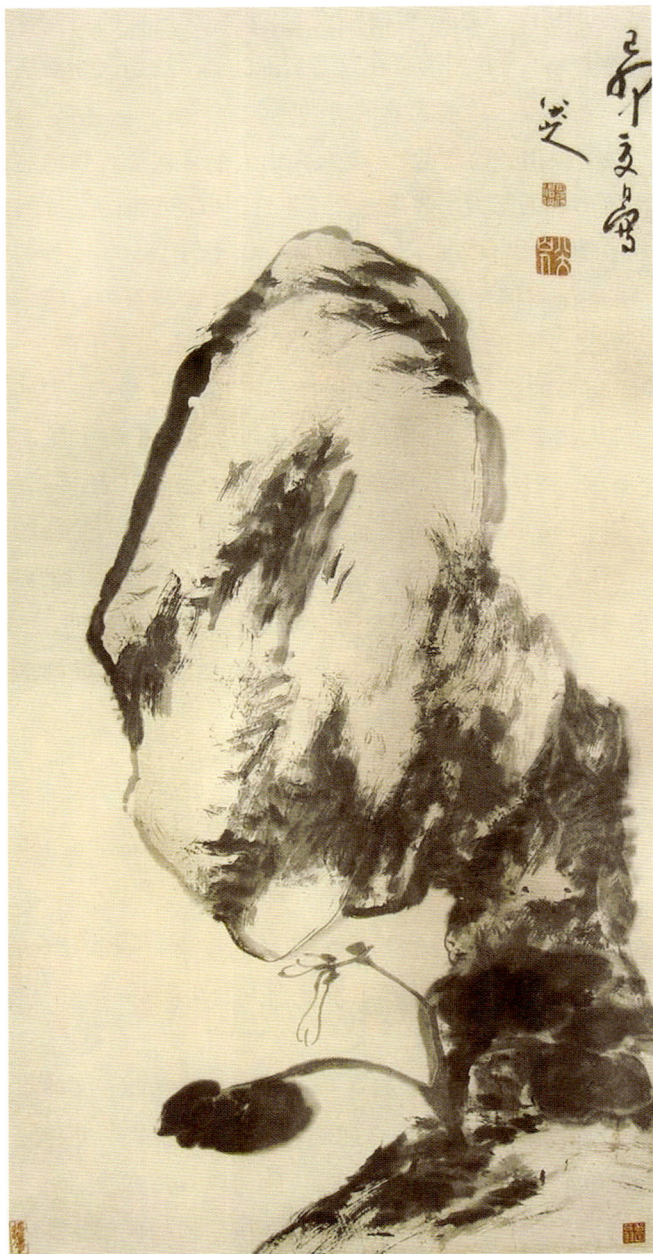

清　八大山人　秋花危石图　112×56.5厘米　泰州市博物馆藏

义;虽然有很多曲折,风刀霜剑,但是他峚然的生命,最终能"直"起来发展。"直"永远是一种企盼,是充满圆融的和谐境界,它鼓舞着人们,却不可能实现。八大山人的孤危不正是神秀精神的体现。在他这里,没有一丝"屈"的神色,却有不灭的"直"的理想,和为这一理想而无尽的"曲"的过程。

如果以这样的眼光来看八大山人许多画,就好理解了。在本篇开始的时候,我们谈到的那幅八大的《孤鸟图》,是摇摇欲坠的,而他的很多画都有这种摇摇欲坠的意味。如他特别喜欢画一足单立的鸟,下面这幅就是。上海博物馆所藏的八大山人书画合装册,十六开,作于1699年,是山人晚年的杰作。其中第八开为《孤鸟图》,画一孤鸟,一足单立,身体前倾,几乎颠而倒之,但将倒而未倒,翅膀坚韧地举,尾巴用

清　八大山人　孤鸟图　25×20厘米　上海博物馆藏

力地伸，全身的羽毛也几乎立起，以此来保持着平衡，还有那倔强的脖子，不屈的眼神……这一切都给人凛然不可犯的强烈感觉。在这幅画中，作者高超的写实功夫，不凡的笔墨技巧以及大胆的构图，都在其次，八大山人将其不屈的精神赋予形式之中，这才是关键。

八大山人也是一位画荷的高手，他一生喜爱荷花，荷花在他的笔下不仅清丽出尘，而且还有一股拗劲。北京荣宝斋藏有八大山人《杂画册》八开，未纪年，其中第一开画一枝菡

清　八大山人　杂画册之一　荷花　33.4×26.5厘米　荣宝斋旧藏

苕卓立于荷塘之上，如一把利斧，注满了山人奔放的情致，绝没有小荷才露尖尖角的缱绻。那曲而立的身姿，也张扬着一种傲慢的气质。这幅画贵就贵在风骨。

八大山人的水仙在中国花鸟画史上是独一无二的，没有人像他那样去画冰姿柔骨。石涛曾得到八大山人一幅类似的水仙，他题有诗二首，其一曰："金枝玉叶老遗民，笔墨精研迥出尘。兴到写花如戏影，眼空兜率是前身。"其二云："翠裙依水翳飘摇，光艳随风岂在描？妒煞几班红粉炎，凌凤无故发清娇。"石涛看出了八大的"凌波丰骨"，而不是柔腻的脂粉气。上海博物馆所藏的八大山人十六开的《书画合装册》，其中第五开画水仙，采用的是与赠石涛水仙相同的笔法，造型如同一只手，有观音指路的意味。用淡墨、枯笔、中锋画出水仙简洁的枝叶，所画真是"戏影"，不取其真，而取其魂。柔韧的身段，清逸的姿态，与前面我们提到的八大山人的一枝菖莒，表达的是相似的用思。

八大山人是一位前朝遗民，而且还是皇室成员，他的孤独意识的确有"一峰还写宋山河"的意味。他在题画诗中写道："梅花画里思思肖，和尚如何如采薇。"南宋末年郑思肖故国灭亡而不忘，商朝末年伯夷叔齐不食周粟之事，都引起他的共鸣，其中作为遗民不屈服于新朝的思想非常明显。他的画中有凄冷的格调，他在孤独中自我安慰。不少论者指出了这一点，但我觉得还不够。在八大山人的艺术世界中，分明感受到他的孤独精神中，还有更深广的内容，更深邃的用思。他与一般的清初遗民艺术家有很大的不同，他以艺术的方式来思考，他的思考已经超越了一般的政治和时间，而具有关于人的生命的真切内涵。

孤独与艺术相伴，中西艺术概莫能外。西方的一些艺术家甚至说，没有孤独就没有艺术。中西艺术在孤独的理解上却有差异。即便是在中国，不同的艺术家通过孤独的境界所要表达的精神又是不同的。中国人的哲思和意绪中，孤独包含着太丰富的内容。如下面三首为人熟知的诗词，都是对孤独的思考，却有不同的指向。

陈子昂的《登幽州台歌》道："前不见古人，后不见来者。念天地之悠悠，独怆然而涕下。"这是今古茫茫、海天渺渺的存在之叹，由登高而兴时空广远之叹息，浩渺的时间之幕上闪现了一件件事，一个个人，一个个英雄，纵然他们叱咤一时，如今安在哉! 古来圣贤皆寂寞，不能逃避的逝去，无可挽回的寂寞，正在等着眼前的登楼人。陈子昂将人的生命放到永恒面前来审视，突出人的生命的有限。悲叹起因于人的目的性的追求。

苏轼《卜算子·黄州定慧院寓居作》描写极端孤寂的境界："缺月挂疏桐，漏断人初静。谁见幽人独往来，飘缈孤鸿影。　　惊起却回头，有恨无人省。拣尽寒枝不肯栖，寂寞沙洲冷。"缺月挂在疏疏落落的梧桐树上，夜深漏断人已静。谁见那幽人独往独来，原来是飘缈闪现孤鸿的影。孤雁惊起回头张望，有怨恨却无人能解领。拣尽高处的寒枝不肯栖息，却甘心在沙洲忍受寂寞寒冷。空灵廓落，无所之之。正是雁过长空，影沉寒水；雁无遗踪之意，水无留影之心。苏轼更多表现的是冷寂，是对现实的拒绝。

而柳宗元那首千古绝唱《江雪》虽有孤独之调，但却传出不同的心音。"千山鸟飞绝，万径人踪灭。孤舟蓑笠翁，独钓寒江雪。"在寂静空灵的画面中，一舟于寒江独钓，在寒中独钓，又钓出寒来，钓出了自己的心之寒。陈子昂的泪，苏轼的怜在这里都没有，这首诗在孤寂中传出的不是绝望，不是哀婉，而是从容闲荡、清远高逸。与其说因孤寂而自惋自怜，倒不如说在孤寂中脱略凡尘，高骞远逸，享受着孤寂，吟玩着孤寂。

八大山人艺术世界中的孤危意识与柳宗元的孤独感颇
有相通之处，八大山人孤独感的主旨不在哀婉自怜，它所突
出的有两方面重要内容，一是自尊；一是无待。这正是道禅
哲学的精髓。

八大山人思想中所沾溉的是南宗禅的正脉，佛祖眼前
不低头，皇帝来了不下跪。一个僧人问百丈怀海："如何是
奇特事？"怀海说："独坐大雄峰！"在佛教中，大雄，即伟
大的英雄，佛有大力，能伏四魔，能度天下人出苦海。与"世

清　八大山人　安晚册之十　31.8×27.9厘米　日本京都泉屋博古馆藏

清　八大山人　花鸟册之九　30.7×27.5厘米

尊"一样，都是释迦牟尼的德号，尊释迦牟尼为旷世的英杰。《法华经》上说："善哉善哉，大雄世尊。"佛教中的大雄宝殿也与这有关。百丈的意思是，培养对佛的信心，就是在心灵中超越一切，一切平等，无有高下，独立人表，如坐大雄高峰。

铃木大拙说："从禅的观点看，宇宙乃是一没有周边的圆，我们每个人都是宇宙的中心，更具体地说，我即中心，我即宇宙，我即是创造者。"凄冷的禅和"众人熙熙，如享太牢，如春登台"的热流了不相类。禅让人告别随波逐流的庸俗、随性占有的贪欲，告别人云亦云的附属，告别猥琐的人格，让你在自我的深心中发现自我的价值。独坐大雄峰，迥然独立，其意思并不是说我比别人高明，我是救世主，而是告诉你，你是一个完足的生命，你有你的存在价值，没有必要仰人之鼻息、寄人之篱下，没有必要隐忍苟活。禅中有一个意象是"冷月孤圆"，就表达这样的意思。你的心灵就是光明的月亮，是自在圆足的，你以你的光明照耀。

有一个弟子问赵州："四山相逼时如何？"赵州说："无路是赵州。"这并不是说无路可走，也不是拒绝为别人指路，而是说路是别人走出来的，你要走你自己的路，你的自尊全由你自己内在的精神发出，不是随着别人，而是任由自身。山人的友人饶宇朴在《个山小像》的跋文中说："奇情逸韵，拔立人表。"山人就是这样的独立人。

八大山人将禅的自尊化为艺术的灵泉。他是个咬文嚼字的高手，他的名号往往都有特别的意义。佛教中有《八大人觉经》，这是最早被翻译过来的佛经之一。本经强调，佛弟子应观察体会世间无常、多欲为苦、心无厌足、懈怠堕落、愚痴生死、贫苦多怨、五欲过患、生死炽然等八大人觉，以满足自觉、觉他两种觉悟。八大山人的名字显然与此经有关。陈鼎《八大山人传》说："号八大山人，其言曰：八大者，四方四隅，皆我为大，而无大于我也。"或许八大山人就有此暗示[①]。老子曾说，域中有四大，道大、天大、地大、人大，四大中，人占有其一。儒家哲学也强调这种"大人精神"。八大山人的"八大"，就是"自大"。自大不是自傲，自吹自擂，而是自尊，对自我的信心，对生命的倚重，对一切依附的拒绝。

说到孤独，庄子的"见独"思想值得重视，庄子认为，达到最高的悟道境界，就是"见独"，从而"独与天地精神相往来"。庄子讲的"独"，也不是孤独而没有支持，而是无所依待，齐同万物。进此，庄子提出"无待"的观念。什么叫"无待"呢？庄子说了一个故事：罔两是影子的影子，他问影子：

① "八大山人"之号的涵义，有"八大山"中"人"的意思。围绕在佛所在的须弥山有八座山，离开佛门的八大山人以此号表示自己身不在佛门、心却不离佛门。然而，八大的印章名号，往往一喻有多柄，陈鼎所说的"四方四隅，皆我为大"，或许也是八大山人所考虑的内涵。

清　八大山人　鱼石图　58.4×48.4厘米　北京故宫博物院藏

"刚才你在行走，现在你却停了下来；刚才你坐着，现在却又起来，你怎么这么没有自己独立的意志呢?"影子回答说："我是因为必须有所待才会这样的，而我所依附的东西又有所待才这样的呀!"人就是这影子的影子，闪烁不定，因为有所依附，有所执着，有所求，有所贪欲，这样必然会弄得心绪混乱，人格分裂，不能自已，不能自由。于是，没有了独立的心。庄子以冷峻的目光看到，这世界上忙碌的人，又有几人不是影子的影子。庄子的"见独"，就是在妙悟中发现那个藏于深心的无所依待的精神。

其实，在八大山人的孤鸟、孤树、孤独的菡萏、孤独的小花、孤独的小鸡、孤独的小舟等意象中，就体现了这无所依待的思想。山人有《题画山水》诗道："去往天下河山，仅供当时流览。世界八万四千，究竟瞻顾碍眼。"这忙碌的世界，如葛藤一样互相纠缠，为知识，我们被纠缠；为欲望，我们被纠缠；为习惯，我们被纠缠。世界如幻相，世事如泡影，所以一切有为法，如梦幻泡影，如露亦如电，应作如是观。世界的一切都在"待"中失去了其真相，被扭曲了。八大山人说：这样的东西太"碍眼"了。他独钟孤独，就是要斩断葛藤，撕开牵连，独与天地精神相往来，与世界做心灵的对话。

八大山人对庄子是神迷的，他活化了庄子的智慧，用庄子的思想入画，他的很多作品都可以看出庄子的影子。他有题画诗写道："客问短长事，愿画凫与鹤。老夫时患胛，鹤势打得着。"意思是，客人要为他画鸟，是画野鸭好，还是家禽好，是画像仙鹤一样的高贵的鸟好，还是画水中游弋的自在的野鸭好，他也拿不准。八大山人说，我的肩周出了毛病，但鹤还是可以画的。当然，八大山人不是为其选择，意思是，你这样的分别是可笑的。或许这样的事情根本就没有，八大山人借此表达对庄子思想的理解。庄子说，野鸭的腿虽然短，但要给它接上一段，它就会很痛苦；鹤的腿很长，如果要切断一节，它就会很悲哀。世界万物各有其性，不必以其所长讥其所短，长短是知识的分别，是人的量上的感受，齐同万物，才是正确之道。八大山人体会着庄子的思想，做齐物的思考。

八大山人的一首《无题》诗传达了对庄子无待思想的领会："一衲无余遍大千，饥餐渴饮学忘年。林泉酣放总为我，岩谷深容稍悟天。蝶化梦回呀幻迹，鹤鸣仙至忆前川。拨开荒原枯枝上，古岸新红机露先。"酣放于林泉之中，徘徊于岩谷之上，一切的知识，一切的得失，一切的沾系都除去，一

清　八大山人　藤石图

清　八大山人　竹石图　166×72.5厘米　广东省博物馆藏

切的依待都落下，剩下的是孤零零的我，独立于天地之间。"林泉酣放总为我，岩谷深容稍悟天"，最得庄学肯綮。悟通了"天"，以"天"放而不以"人"为，就"总为我"——无往而非我，独与天地精神相往来。在这样的独立境界中，处处实相，处处真机，在世界的"古岸"上，无处不有"新红"，无处没有新颖葱翠的生命。

十三　乾坤草亭

宇宙、乾坤，说其大；小亭、小舟，言其小。
在小亭中有囊括乾坤的期望，在小舟中有
包裹江海的用思。小，是外在的物；大，是
内在的心。从物上言之，何人不小！但从心
上言之，心可超越，可以飞腾，可以身于小
亭而妙观天下，可以泛小舟而浮沉乾坤。

明代艺术家王世贞是个博物学家,他家有弇山园,园子并不大,其中有一小亭,坐落在丛树之中、四面花草扑地,绿荫参差,上有匾额曰"乾坤一草亭"。三世贞认为这个匾额包含了特别的意旨。明末傅山曾画有《乾坤草亭图》。一个小草亭,为何扯上广袤无垠、神秘无比的乾坤?又如元代画家吴镇,喜欢独泛小舟于湖中,他说自己是"浩荡乾坤一浮鸥",一只小鸟,为什么要说是浩荡乾坤中的一只小鸟?而唐代禅师船子和尚诗云"世知我懒一何嗔,宇宙船中不管身",他泛小舟于三湖九泖之上,小舟居然也成了一只"宇宙船"。

宇宙、乾坤,说其大;小亭、小舟,言其小。在小亭中有囊括乾坤的期望,在小舟中有包裹江海的用思。小,是外在的物;大,是内在的心。从物上言之,何人不小! 但从心上言之,心可超越,可以飞腾,可以身于小亭而妙观天下,可以泛小舟而浮沉乾坤。王维不是有"行到水穷处,坐看云起时"的诗吗? 水虽穷,路虽尽,但云起了,风来了,我是一片云,我是一缕风,在这样的心灵中,哪里还会有穷尽时!

乾坤中的一草亭,江海中的一浮鸥,宇宙船中的一个我,反映了人的生命境遇以及从这一境遇中突围的方式,反映了人深层的生命自信。每个人都是这世界的一个点,是浩渺宇宙的一个点。八大山人就说自己是世界的一个点。他早年就有"雪个"、"个山"之号,自称"个山人",这个"个"是天地之一"个"、乾坤之一"个"。圆中一点,则为个。个,也可解释为竹,雪个,即皑皑白雪中的一枝竹,白色天地中的一点青绿,八大喜欢这样的意象。1674年,八大山人的友人曾为其画《个山小像》,这是研究八大山人的重要史料。《个山小像》上有多人之跋,其中蔡受题跋前有一圆圈,圆圈中有一点。此即所谓圆中一点。此画像中并有八大山人录其友人刘恸城的赞语："个，个，无多，独大，美事抛，名理唾……大莫裁兮小莫破。"八大告诉人们的是：我山人是天地之中的一个点，虽然是一点，却是大全，一个世界，我是世界的一个点，我的生命可以齐同世界，我独立，抛弃追求的欲望，唾弃名理的缠绕，我便拥有了世界。他笔下的一朵小花，一枝菡萏，一羽孤鸟，都是一"个"，一点，一个充满圆足的生命。八大的自尊缘此而出。

　　人不能同时存在于两个不同的空间，在浩瀚的历史长河中，人的生命只是短暂的片刻。生命的脆弱以及时空上的短暂和渺小是人的宿命。从生命的外在来说，人和这世界上的动物没有太大的区别，但人有心灵，中国人说，人为五行之秀，实天地之妙心，天地无心，以人的心灵为心，正是因为人有了这个心灵，狭隘可以转换成旷远，脆弱可以转变为坚强，渺小可以翻转为广大。

　　清初刻书家张潮也是一位很有影响的诗人，他将人读书的境界分为三个层次，第一个层次是隙中窥月，第二个层次是庭中望月，第三个层次是台上玩月。在窗户内看月，这是一般的境界，它没有改变山里人只知道山里事的看世界的方式；第二层次境界扩大了，人步入庭院中，看到的世界不是洞中之天，而是较为广阔的天地，这有点像柏拉图所说的人从洞穴中走出的说法；但台上玩月，则超越了柏拉图所说的观世界的范围，它有登泰山而小天下的气势，有包裹八极、囊括乾坤的境界，有"君问穷通理、渔歌入浦深"的悠然。它站在世界的高台上。这不是自高自大，而是心灵的优游回环。

　　南宋马远有《玩月图》，可以略见张潮所说的境界。此图今藏美国西雅图艺术博物馆，画月夜中，一人于山阁中眺望明月，风格健朗，用意精微。

明　沈周　庐山高图　193.8×98.1厘米　台北故宫博物院藏

中国艺术的小亭、小舟等莫不就是这样的高台？这通透的小亭，八面无一物的小亭，就是一个心灵的高台。所以中国人将心灵称为"灵台"。玩月的灵境，虽然是如如不动，无边的世界就荡漾在它的空间中，它是心灵的眼。那小舟也是如此，它在小河中荡漾，在开阔的湖面荡漾，在茫茫大海中荡漾，在无形的宇宙中荡漾，说它是"宇宙船"又有何不可？中国画家不是看一只鸟，就画这只鸟，有一朵花，就画这朵花。中国画的主流不是将画作为写实的工具，而是当作表达内在生命体验的工具，画的是这个亭子，但所要表现的生命体验却不在这亭子中，所谓不离亭子，不在亭子。高明的画家其实都想到那高台上去玩月。

①《珊瑚网》卷三十三。

元代画家曹云西自题《秋林亭子图》诗云："天风起长林，万影弄秋色。幽人期不来，空亭倚萝薜。"①一个小亭孤立于暮色之中，寂寞的人在此徘徊，在此等待，多么宁静，多么幽寂，但是这里却充满了无边的生命活力，你看那万影乱乱，盎然映现出一个奇特的世界，你看那藤蔓层层向上盘绕，饶有天然奇趣。中国艺术要把聚集在生命深层的活力掘发出来，在近于死寂的画面中，忽然有极微小而不易为人注意的物象点醒，一声蛙跃，一缕青苔，数片云霓，似隐似现盘旋的青萝，等等，使沉默中响起了惊雷，在瞬间洞见永恒。

我们看倪云林的画。亭子是云林山水中的重要道具。倪云林喜欢画幽林亭子图，深秋季节，木叶尽脱，一亭翼然，古松兀立，这是云林山水的当家面目。现见云林的传世作品多有亭子。清恽南田说"元人幽亭秀木"，乃是人间绝妙音乐。所说的元人即指倪云林。"幽亭秀木"是倪云林山水的特征。其著名作品《容膝斋图》（今藏台北"故宫博物院"），画的是陶渊明"审容膝之易安"的文意。图似写早春景致，在疏林之下，置一亭子，亭中空落无人，远山如带，海

元　倪瓚　容膝斋图　74.7×35.5厘米　台北故宫博物院藏

天空阔。这幅画的画眼，就在这草亭中。一个草亭置于荒天迥地之间，就是要将人及人狭小的时空宿命，放到浩渺的宇宙（绵延无尽的时间和空间）中来审视，他要表现的思想是，人所占空间并不小，人自小之，故小；所占时间并不短，人自短之，故短。跳出洞穴的思维，一草亭就是一乾坤。心自广大，何能小之！小亭很小，仅能容身；世界之大，却能容心。倪云林就是将浩渺的宇宙和狭小的草亭、外在的容膝和内在的优游放到一起，表现他的生命追求。

元　孙君泽　高士观眺图　103.3×83.3厘米　日本东京国立博物馆藏

美国华裔收藏家王季迁藏云林《江亭山色图》，画的是暮春之色，但仍是枯淡为之，江畔小亭兀然而在，独立高迥。藏于台北故宫博物院的《江岸望山图》，画的是春景，疏林三株，小亭其下，怪石参差，中段空灵，远处则是山峰。上有云林一跋，中有"疏松近水笙声回，青嶂浮岚黛色横"之句，在这个萧疏的小亭中，他要望山、望浮岚黛色、望天下之风物。云林另有《松林亭子图》，也藏于台北故宫博物院。上有跋云："亭子长松下，幽人日暮归。清晨重来此，沐发向阳晞。"他的画有一种无言之美，疏林阔落，淡水迢递，一痕远山，小亭独立。林必萧瑟，亭必空阔，他的空亭，是不言而言，无理之理，充满了丰富的人生体验。永恒的宇宙和短暂的人生，绵延的天地和人狭小的宿命，就这样呈现在你的面前。其中既有一种淡淡的忧伤，又有一种沐发向阳的从容，还有一种沉着痛快的格调。

"江山万里眼，一亭略约之"①，云林就有这样的心胸，只有这样去解云林，方能得云林。前人有诗云："灵光满大千，半在小楼里。"②大千是全，是无限，小楼是小，是有限，因为心灵的眼穿透这世界，小中有了大，缺中有了全，当下似乎昭示着无垠的过去和未来，眼前似乎环列着一个无限的大实在。云林的小亭对后代中国画产生很深的影响，这似乎成了一种哲学的标志。清查士标有《江岸小亭图》，今藏加拿大安大略博物馆，此画水墨味极浓，构图简洁，画老树一棵，枝干尽秃，树下一亭，再画出似有若无的江面。上有一诗道："野岸小亭子，经时少客过。秋来溪水净，远望见烟萝。"虽在小亭，而烟萝在目。

清代画家石涛也是以哲学家的眼光来作画，他的"一枝"也很值得玩味。他在金陵时，有斋名"一枝阁"，后来他称自己为"枝下人"。明代画家徐渭，也有斋名"一枝"。"一

① 金人雷渊题王庭筠《江皋烟树图》，见元好问《中州集》己集第六所引。

② 明陈继《濯庵八咏》中《含晖楼》一诗云："朝挂扶桑枝，暮浴咸池水。灵光满大千，半在小楼里。"诗见录于《珊瑚网》卷十三。

元　倪瓒　林亭远岫图　87.3×31.4厘米　北京故宫博物院藏

枝"有什么特别的含义呢?

"一枝"之名出自《庄子·逍遥游》:"鹪鹩巢于深林,不过一枝;偃鼠饮河,不过满腹。"庄子的"一枝"是一个关于人命运的问题。在庄子看来,人是天地间的匆匆过客,人之生只是寄尘于世。天地再广,人居之,所占有的只不过一枝,而这一枝还是短暂的栖居。曹丕有诗云:"人生居天壤间,忽如飞鸟栖枯枝。"[1]说得很忧伤,但却是事实。

"还念鹪鹩得一枝"[2],反映的是人对自身命运的思考。南朝庾信有《小园赋》,写的是他关于自己新得一处小园的思考。园不大,数亩敝庐,寂寞人外,故称小园,他非常爱这个小园,水中有一寸二寸之鱼,路边有三竿两竿之竹,再起一片假山,建一两处亭台,就满足了。他说,他并没有感到缺憾,他说:"若夫一枝之上,巢父得安巢之所;一壶之中,壶公有容身之地。"在他看来,在这小园中散步,真像是爬上生命的"一枝"。如果换一种表达方式,在中国艺术家看来,人的心灵也可以说是一个"壶",世界的无边风云都可以纳入到这"壶"中,如八大山人所说的"从来石上云,乍谓壶中起"。山石草木,云卷云舒,都从我心灵的"壶"中而起,故叫做壶纳天地。

我们再回到石涛。石涛在金陵时住在一枝阁,那是靠近著名的大报恩寺山坡上的一个小草屋,曾亲见大报恩寺的西方传教士甚至说,这是当时世界上最辉煌的建筑。而石涛的一枝阁,小到不能再小了,与金碧辉煌的大报恩寺形成了强烈的对比。石涛为此曾感到窘迫,甚至觉得难为情。但最终他以哲学的智慧战胜了这样的局促,他曾作有《一枝阁图卷》(今藏上海博物馆),上题诗七首,其中有道:

得少一枝足,半间无所藏。孤云夜宿云,破被晚余凉。

①《大墙上蒿行》,《乐府诗集》卷三十九。

②唐徐铉《和萧少卿见庆新居》:"新诗问我偏饶思,还念鹪鹩得一枝。"(《全唐诗》卷七百五十四)

敢择余生计，将寻明日方。山禽应笑我，犹是住山忙。

身既同云水，名山信有枝。篱疏星护野，堂静月来期。
半榻悬空稳，孤铛就地支。辛勤谢余事，或可息憨痴。

清趣初消受，寒宵月满园。一贫从到骨，太寂敢招魂。
句冷辞烟火，肠枯断菜根。何人知此意，欲笑且声吞。

楼阁峥嵘遍，龛伸一草拳。路穷行迹外，山近卧游边。
松自何年折，篱从昨夜编。放憨凭枕石，目极小乘禅。

倦客投茅补，枯延病后身。文辞非所任，壁立是何人。
秋冷云中树，霜明砌外筠。法堂尘不扫，无处觅疏亲。

门有秋高树，扶篱出草根。老乌巢夹子，头白岁添孙。
淮水东流止，钟山当槛蹲。月明人静后，孤影历霜痕。

多少南朝寺，还留夜半钟。晓风难倚榻，寒月好扶筇。
梦定随孤鹤，心亲见毒龙。君能解禅悦，何地不高峰。

　　作为起居之地，一枝阁是小的，逼仄的，小到如同一个

清　石涛　搜尽奇峰打草稿图卷　42.8×285.5厘米　北京故宫博物院藏

鸟巢，小到无法展开自己的画幅，小到不好意思约请自己的
朋友。但石涛由此悟出了"君能解禅悦，何地不高峰"的道
理。心中有了方是真有，每个人的心里都有高峰和华屋，这
不是欺骗，而是人的智慧是否可以把握的问题。石涛曾画
《落花诗图册》（今为日本私人所藏），题有沈周落花诗，其
中有"消遣一枝闲挂杖，小池新锦看跳蛙"之句，正说的是
此意。在狭小的空间中，照样可以如高台玩月。他体会到：浩
浩宇宙，人占有的只是片土；悠悠历史，人只是倏然的过客。
无尽的心灵企望和窘迫的时空宿命，令人窒息。人何尝离开
一个"缺"字！燕巢般的一枝阁，将无可摆脱的历史宿命放
到了石涛面前。但石涛在艺术和哲学智慧的启发下，获得了
解脱。石涛有印曰"得少惟趣"，也表现了这方面的思想。

　　石涛的朋友戴本孝也是一位著名画家，他晚年曾有十二
开山水册页，其中有幅画一高山，山下一溪横出，急流中一人
操桨，泛泛江中。有跋诗云："霜颖采墨华，鸿濛忽留迹。天
汉浮一槎，白云洗空碧。"这里的"天汉浮一槎"和上面我们
所说的"乾坤一草亭"是一个意思。天汉，即宇宙。槎，木筏
子。在沧海茫茫之中，他只是一叶小舟。以一叶之小舟，凌万

顷之波涛。戴本孝曾和石涛讨论过关于"一枝"的问题，他的《题一枝》五首诗云：

摄尽千峰只一枝，从来不被不白欺。
此中多少藏身处，欲指前津世转疑。

突兀霜林露一枝，破崖老屋苦吟时。
苔深路涩石头滑，月落烟昏洞口迷。

截断狂澜柁一枝，随风挂席欲何之。
翛然来去无古今，任向云天自在吹。

那得安巢有一枝，坐残千劫未开眉。
试看古纸毛生卢，可是须弥露顶时？

到处枯锥卓一枝，一番世界一番痴。
生平破砚真毛髓，相对淋漓不厌奇。①

　　一枝阁，从量上说，它是渺小的，如果因其渺小而汗颜，那是为物质的体量所拘牵，那是心灵中物质的企望所形成的心灵张力，它鼓荡起的只能是人的欲望。膨胀了的需求和实际上的些许给予，将人送入了困顿的窘境。在戴本孝看来，和千峰中的密密山林相比，一根树枝真是太少了，但一枝有一枝的风光，一枝有一枝的妙味。以道观之，以智慧打量之，天下之物本无多无少，无所求也就无所憾；以占有的目光去看，处处少，时时少，一切都是缺，不可忍受。但这是迷雾沉沉的迷天，是烟昏气旋的黑洞。所以，心中有了就自然有，此在的恬然自足，一切如如，自在圆足。戴本孝认为，一枝是圆足的一枝，是孑然高蹈的一枝，是一峰突起的独立高标，是不落流俗的决然超越，是对自己本然真性的痴心迷恋，是从

清　龚贤　山水册十二开之一　25.5×34.2厘米　上海博物馆藏

容自在，如一帆远行，翛然来去无古今，任向云天自在游。于是，群伦和孤独的矛盾解除了，微小和庞多的矛盾解除了，富贵和贫寒的矛盾解除了……

戴本孝有诗云："强我入城市，不知何所求。驴饥嫌草恶，童野见官羞。药力心相得，人情道不侔。归来空一啸，濯影小池秋。"①富贵非吾愿，万顷非吾求，我是这一庭空阔，这一池活水，我放旷其间，啸傲其间。他说："一丘藏曲折，千顷叹汪洋。"汪洋洪泛，并不能给他带来特别的满足感。他有诗道："松石静相得，此亭良不孤。世应非工古，室即是吾庐。小艇水痕落，荒村日影晡。流泉惟自语，何处问潜夫？"②此在就是真实，此室就是"吾庐"，我生命的居所，我亦安吾庐，天地何其大，一枝阁又安见其小哉！他将微渺个人，放到莽莽宇宙之中，以见其萧瑟；他将心灵从法执我执的拘束中放出，作天地宇宙的欢歌。他说："乾坤剩得团瓢在，老树寒鸦共一枝。"③一枝阁虽小，天地并不小；人的生命虽然短暂，那何不同于荒穹碧落，去寻找法外的无穷。

十四　明河见影

在明河的照耀下（其实就是禅所说的妙
悟），我们看到了自己的影子。看到了这影
子原来是由"我"所映照出的，"我"是根
本，但我们平时忘记的恰恰是这个根本，
我们只对影子感兴趣，我们拼命地追求那
些没有意义的东西，使身体成了欲望的奴
隶，心灵被目的性的追求所绑架。

明代郑文林是一位浙派画家，他的画名并不大，但美国学者高居翰景元斋所藏其一幅《山水人物图》却是非常有魅力的作品。这幅画画风放旷恣肆，透出一种飞旋的节奏，参天的古桧，在风中盘旋，率意而舞，而古树下的石头似乎也飞旋了起来，石间有二女子窃窃私语，似乎整个画面都躁动着，但就在这曼妙的女子旁、在飞舞的画面中，却有一高僧淡定如水，闭目而坐，在静静地打着禅，做着灵魂的维修。画中极力突出喧嚣而充满诱惑的外在世界，以此与禅者心灵的淡定形成鲜明的对比。

禅是一种心灵的维修术，禅的本意有静寂的意思，但这静寂不是在远离喧嚣中形成的，而是内心中的一种淡定工夫。禅宗有个故事，说是从前有一个大和尚和一个小和尚一起赶路，遇到一条浅浅的小河，准备过河时，看到一个年轻的女子也要过河，正在为难。这大和尚知道她的意思后，不由分说，抱起她就下了河。过了河，放下了女子，他俩继续赶路，这小和尚有些不解，佛教不近女色，而师兄怎么能抱着一个女子呢？便问道："师兄，你居然抱着一个女子过河，我觉得实在有点不妥。"这大和尚说："我都放下了，你还没有放下呢。"

一念心清净，处处莲花开。无心于万物，才能真正放下。心灵如镜子，镜子脏了，再干净的世界看起来也是脏的。将心灵打扫干净，就能朗照如如。禅宗强调直指本心，指向没有被污染的真性。当小和尚念念难忘师兄的作为时，是有个秩序在他的脑子，他的脑子还是由知识来控制，他还分出是与非，区别着能做什么不能做什么。这样的境界在禅宗看来是不够的，清净的莲花还没有在其心中开放。

南宋马远是一位于道禅哲学有很深造诣的艺术家，他有《洞山渡水图》，今藏日本东京国立博物馆，绢本，设色，纵

明 郑文林 山水人物图

携藤拨草瞻风
未免登山涉水
不知触处皆渠
一见低头自喜

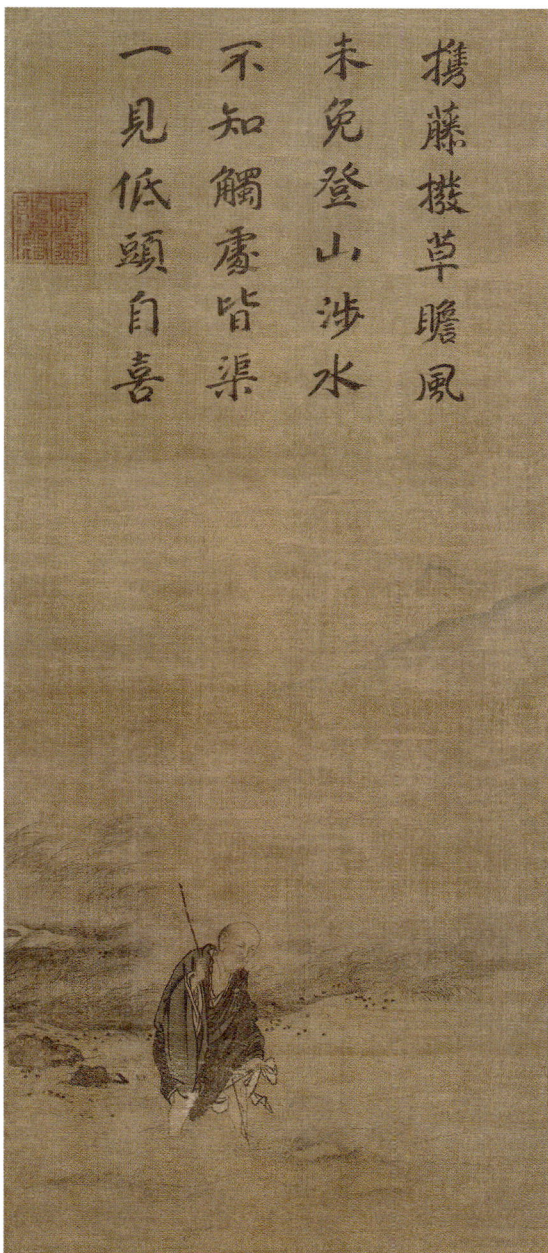

南宋　马远　洞山渡水图　77.6×33厘米　日本东京国立博物馆藏

77.6厘米，横33厘米。画的是一个禅宗故事。南宗禅有五大宗派，以曹洞宗和临济宗对后世影响最大。曹洞宗的创始人有曹山本寂和洞山良价二人。洞山良价是药山（745—828）的再传弟子。洞山有一次去参云岩昙晟，问道："如果法师圆寂之后，要是有人问起我，老师的真容到底像个什么样子，我该怎么回答呢？"云岩说："你就说：就是他。"洞山对云岩的话不理解。

有一次，他过河，看到自己的影子，豁然开悟。他作了一首偈："切忌从他觅，迢迢与我疏。我今独自往，处处得逢渠。渠今正是我，我今不是渠。应须恁么会，方得契如如。"[①]意思是，不要不停地寻觅，寻之愈远，和真实的大道就愈疏。回到自己内心，树立自在的信心，处处都是佛。一切外在的追求都是幻象，人的名誉，人的身体，都是幻象，只有那真实的心灵才是自己。曹洞宗有"渠正是咱，咱非渠"的话头，所取就在真与影之间。良价见自己的影子，忽然大悟，知云岩师当时所说之真意。我今独自往，处处得逢渠。渠今正是我，我今不是渠。我是本来面目，是体；渠是影子，是用。外在的影之用都是因我之本来面目而存在，所以渠今正是我；但影子并不是我，所以说"我今不是渠"。

马远的很多画上都有杨皇后的题跋，这幅画的跋语也是杨皇后的，她说："携藤拨草瞻风，未免登山涉水。不知触处皆渠，一见低头自喜。"有"坤宁之殿"朱文方印。低头看到自己的影子，知道一切外在追求的虚妄不真，而那个长期被忘记的真实自我，才是根本。什么都注意到了，但唯独忘记的是自己。

"明河见影"这个禅宗故事蕴涵的道理其实是非常深刻的。在明河的照耀下（其实就是禅所说的妙悟），我们看到了自己的影子，看到了这影子原来是由"我"所映照出的，

①见《五灯会元》卷十三所载。

"我"是根本。但我们平时忘记的恰恰是这个根本，我们只对影子感兴趣，我们拼命地追求那些没有意义的东西，使身体成了欲望的奴隶，心灵被目的性的追求所绑架。我们对名声感兴趣，孔子说得很尖锐："古之学者为己，今之学者为人。"——以前学习的人是为了自己内在心灵的需要，是为了安顿自己的灵魂而学，而现在学习的人，是为了做给别人看，生活在别人的阴影下，因为我们关心的是名，所以我们成了时尚的傀儡。

禅宗认为，人们最疏忽的其实正是自身，总以为他人可以拯救自己，总觉得有个灵山妙塔，在那里可以寻找到自己生命的依托。禅宗的马祖指出，即心即佛，西方就在目前，当下即可成佛，佛其实就是对自己信心的确立。

拯救自我的其实就是自己。人给自己设置障碍，人的不自由是内在世界的迷妄所造成的。四祖道信曾向三祖僧璨求解脱之法，僧璨说："谁缚你？"道信当下即悟。没有人捆缚你，实际上是你自己捆住了自己，巴掌山挡住了你的双眼，使你看不到佛性之真。在我们的常识中，骑驴找驴的现象太普遍了，这显然是对自己的不信任，自己生命的金矿不去开采，仰望着别人家的宝藏。不到自己的田地中去耕种，却去做无用文章，打点表面情怀。心在自己身，灵魂却跑到了别人田地里去了，结果弄得自家田地荒芜。重重云雾遮蔽着自己灵性的天空，这实在是令人遗憾的事。

北宋时一个尼姑的一首悟道诗耐人寻味："尽日寻春不见春，芒鞋踏遍陇头云。归来笑撚梅花嗅，春在枝头已十分。"[1]此诗甚为人传道。一切迂曲的求证都是可怜无补费精神，你的所悟所寻，就在你的心头。这就像《淮南子》中所讲的一个故事。射箭高人后羿向西王母求不死之药，费尽了心机，西王母说我这里没有，你家里倒是有。可到家里才知道，

[1] 见罗大经《鹤林玉露》卷六所载。

他家本来就有不死药，但却被妻子嫦娥偷吃了，飞上了月宫。他不知道长生不老之药就在他的家里，反而远求之。北宋禅师雪窦有一首禅诗写道："门外春将半，闲花处处开。山童不用折，幽鸟自衔花。"①北宋僧人仲殊登镇江北固楼，有感而写诗道："江南二月多芳草，春在濛濛细雨中。"②处处都有春意，处处都有花开。

到自家田地中耕种，宋代诗人黄庭坚深悟禅理，他有诗道："八方去求道，渺渺困多蹊。归来坐虚室，夕阳在吾西。"③求道之人在崎岖的道路上蹉跎，眼前道路无经纬，迷离恍惚难觅寻，心迷路难觅，障碍重重，无法跨越。而一旦选择了正途，便会灵光绰绰，自在澄明，这正途就是由他返回自身，由外在凭借返回心灵彻悟，刹那间西方就在眼前。"夕阳在吾西"——夕阳正在我的心头照耀。

"佛在心中莫浪求，灵山只在汝心头。人人有个灵山塔，只向灵山塔下修。"这是禅宗中一首流传广远的诗。我们在明代画家陈洪绶的《礼佛图》中就可以体会到这首诗的思想，此轴今藏北京故宫博物院，纸本，设色。画四个孩子拜佛，用幽默风趣的风格处理这一庄重的事情。山石上放着小小的佛像，在假山之前，一个孩子扶着做成的小小佛塔，孩子们便拜起佛来，其姿势叫人忍俊不禁。参拜的孩子们有一个手捧花瓶，花瓶中有菊花和竹子，一个远远地弓着身子，就算是拜佛了。还有一个几乎是趴在地下，对着佛像下拜，后面还露着小屁股。而佛像似乎对着小朋友微笑，就连佛像身后的假山也柔软了身躯，似乎在参与他们之间的对话。画家这样的处理，没有丝毫对佛的不恭，相反则强烈地表达了一个思想：佛在心中，不在身外，身外之佛则非佛，自心有了即真有。对佛的理解不在你年龄的高低，也不在你知识的多寡，这充满童心童趣的真心，就是对佛最真实的礼拜。纸做的

明　陈洪绶　礼佛图　150×67.3厘米　北京故宫博物院藏

小佛像又有何妨，翘着小屁股下拜，也无伤大雅。关键在你的心，心是本，是真，外在的一切都是影子。

马公显是南宋马氏画家家族的传人之一，其所作《药山李翱问答图》，今藏日本南禅寺，是一件非常生动的作品。画的是唐代著名哲学家李翱去拜见药山惟俨的故事。李翱当时是朗州刺史，他是一位儒家学者，但对佛学很有兴趣，药山的大名在当时朗如日月。他便去参拜。他见药山时，药山一言不发。李翱问："如何是道？"药山用手向上指指，又向下指指，李翱不明其意。当时，药山的面前正放着一杯水，天上正飘来一片云。药山便说："云在天，水在瓶。"李翱当下大悟。后来他写了一首诗："练得身形似鹤形，千株松下两函经。我来问道无余说，云在青天水在瓶。"道在不问，佛在不求，只要你回归自心，处处都是佛，青山自青山，白云自白云，一切都自在显现。

文徵明《中庭步月图》，今藏南京博物院，纸本，墨笔，是一大立轴。图写月光下的萧疏小景。酒后与友人在庭院里赏月话旧，他突然觉得眼前所见的庭院完全是一个新颖的世界。这里的一切他再熟悉不过了，但这里的一切于他似乎又是陌生的，他失去了感受这个静谧天地的知觉，无数的应酬，无数的目的追求，忙碌的生活，虚与委蛇的应景，剥蚀了他的生命灵觉。而今在这静谧的夜晚，在如此明澈的月光下，在微醺之后的心灵敏感中，在与老友相会的激动中，在往事依依的回忆中，他唤醒了自己，他忽然觉得自己往日的忙碌和追求原不过是一场戏，那种种喧闹的人生原不过是虚幻的影子。正像洞山在明河中看到影子一样，文徵明似乎在月下看到了自己的真心，知道自己到底是要什么，知道生命的价值到底何在。这幅画就记载了当时的感受，画得很宁静，也很严谨，但却很感人。

南宋 马公显 药山李翱问答图 48.5×25.9厘米 日本京都南禅寺藏

明　文徵明　中庭步月图　149.6×50.5厘米　南京博物院藏

他在此画上题有长诗，其中有道："人千年，月犹昔，赏心且对樽前客。但得长闲似此时，不愁明月无今夕。"夜夜有明月，明月不如今。不是今宵的月亮比往日明，而是因为往日缺少感受明月的心。他有跋说当时之事，他画此画时，"碧梧萧疏，流影在地，人境绝寂，顾视欣然。因命僮子烹苦茗啜之，还坐风檐，不觉至丙夜。东坡云：何夕无月，何日无竹柏影，但无我辈闲适耳。"心中有月，夜夜都有月明。

十五　云烟飘缈

其实，中国的山水画就是在做一种"云烟"的游戏。山水画家要画这世界，不是要画出它的外在表象，而是要画出隐藏在山水背后的气化氤氲的精神，画出山水活的灵魂来。画家画山水，不是用眼睛去看山水，这山高，那山低，这水长，那水短，而是要深入到这气化的世界中去，与这个气化的世界相浮沉，卷舒苍翠，吞吐大荒，画画就是宣导天地之气。

元代画家商琦①《春山图》，是一幅青绿山水，今藏北京故宫博物院。这幅两米多长的长卷，画的是春山缅邈。虽然画的是山，但给人的强烈感觉，就是飘了起来。早春之时，乍暖还寒，绵延起伏的群山，在岚气中摇荡，云气氤氲，在微光的照耀下，山体似乎是透明一般。陂陀间，丛树、溪流、小桥、茅舍，一切都在似有似无间。溪涧潺潺地流淌，读此画似能听到流水的声音。平地上以淡墨汁绿渲染，茸茸的草意隐然跃现。溪流中似乎有冷气溢出，汇入飘缈的云烟。作者存世真迹极少，但仅这一件作品也可奠定他在中国山水画史上的地位。他属北宋山水画大师李成的一脉画法。一切都在云烟中飘动。这哪里是一幅山水，简直就是一幅"云烟"。

① 商琦（？-1324），字德符，曹州济阴（今山东菏泽）人，元代山水画家，曾官至秘书卿。

元　商琦　春山图（局部）　39.6×214.5厘米　北京故宫博物院藏

其实，中国的山水画就是在做一种"云烟"的游戏。董其昌说得好："画家之妙，全在烟云变灭中。"（《画禅室随笔》）所以中国画家又自称"耕烟人"，绘画的功能又被说成是"烟霞痼疾"，好作烟霞伴，化为心中闲。甚至以"云烟"来指代山水画。清盛大士《溪山卧游录》："古人以'云烟'二字称山水，原以一钩一点中自有烟云。"将相对静止的世界画得动起来，将固定的形象画得飘起来，"云烟"这一称呼藏有深意。北宋韩拙是一位出色的山水画理论家，他说："凡云霞烟雾霭之气，为岚光山色、遥岑远树之彩也。善绘于此，则得四时之真气，造化之妙理。"（《山水纯全集》）云烟雾霭，是山水之彩，这个"彩"，真是说得好。就是说，云烟是山水的精华，山水的灵气，没有云烟，山水就失去了灵魂。画出云烟飘缈之态，就是画出造化之真气。云烟是造化真气的表现形式。如明浙派画家戴进有《烟水生涯》长卷，今藏美国华盛顿弗利尔美术馆，此画极力造成一种烟水迷离之态。

为什么说画出云烟就画出了造化真气呢？这与中国人独特的气化哲学有关。中国人和西方人看世界的方式不同。中国人认为，天地万物都是由一气派生，人也是一样，人也是由气而生，所以庄子的妻子死了，他不哭，反而一边敲缶一边唱歌。他认为，他的妻子本来没有生命，因为有了气，气的凝聚，使她有了生命，现在死了，她又回到气化的世界中去。她回到自己的生命本然中去，还要为她哭又为何？世界就是一个庞大的气场，万物浮沉于一气之中。天地之间的一切无不有气荡乎其间。我们面对的是一个生机勃郁的世界。山水画家要画这世界，不是要画出它的外在表象，而是要画出隐藏在山水背后的气化氤氲的精神，画出山水活的灵魂来。画家画山水，不是用眼睛去看山水，这山高，那山低，这水长，那水短，而是要深入到这气化的世界中去，与这个气化

的世界相浮沉，卷舒苍翠，吞吐大荒，画画就是宣导天地
之气。

这样的思路实在很独特，却是中国山水画得以存在的
基础。就像商琦的这幅《春山图》中，云烟、雾霭、山岚这些
"软体"的东西，成了中国画家的宝贝。中国山水画中云烟蒸
腾，山水在云烟之中腾挪飘缈了，出落得更加灵动；山水也在
云烟笼罩中，俨然而成一个整体，云烟成为串联细碎山川的
隐在之线；又因云烟的遮挡、氤氲而显示出特殊的气势，使
内在世界激荡起来，中国画家所强调的"浮空流行之气"，即
是就此而言的。

正因此，中国山水画家与其说是画画，倒不如说通过画
气，使自己加入到大化流衍的节奏中去。绘画就是要揣摩这
种节奏、契合某种气脉。正因此，在山水画家的笔下，一切都
动了，一切都活了，一切都有了联系，画的是一点，却是万万
点，画的是一个固定于画幅上的物，却是流动的世界中的影
像。画家将自己置于气化世界的漩涡里。所以，画出的只是
一个引子，未画的永远是个世界，这个引子带着人到那气的
神妙中去。

南朝梁陶弘景（自号华阳隐居）有诗云："山中何所有，
岭上多白云。只可自怡悦，不堪持赠君。"这首诗后来成为中
国山水画家心目中的理想世界。据说米芾的儿子米友仁对此
诗非常着迷，他说他的云烟图就是受此诗影响的。画山水，
要画出云气，画的是这种心灵感觉。

北宋著名的画家郭熙说："山欲高，尽出之则不高，烟
霞锁其腰则高矣。水欲远，尽出之则不远，掩映断其流则远
矣。"（《林泉高致》）意思是：你画山，要画出山的高峻，并
不是在画面上一直向高处延伸，这样你是表现不出山的高峻
来的。你在山腰画一片云飘缈，挡住山体，山显示出欲露还

藏的特点，这样高峻的样子就出来了。你画水，蜿蜒向前流淌，但画面是有限的，你要在有限的画面将水一直向前画去，这是不行的。你画一丛树林挡住了流水，使人感到余味无穷，水有尽而意无尽。

中国山水画自谢赫"六法"提出之后，以气韵生动为第一，这一直是中国画的纲领。中国画家以"云烟"代山水，不是重云烟本身，所重就在气韵。清代画家唐岱说："画山水贵乎气韵，气韵者，非云烟雾霭也，是天地间之真气，凡物无气不生。"（《绘事发微》）那种只能画出山水的外在特征，不能画出其气韵的作品，应该不是成功的。所以山水画家总是极力避免这样。

元画家方从义①深受道家思想影响，他的画多云烟腾挪，很有韵味。如《云山图》，现藏纽约大都会艺术博物馆，画面云雾飘缈，山色空蒙，山体卷旋，有一种随云烟飘动的质感。此画虽受北宋米芾、米友仁父子影响，但又别出境界。

① 方从义，生卒年不详，字无隅，号方壶，是一个道士。他以画山水著名，风格放逸，成一家之法。

元　方从义　云山图（局部）　26.4×144.8厘米　纽约大都会艺术博物馆藏

笔力细碎，但颇有整体感，有一种碎而不分的感觉。同时，又能将迷蒙氤氲和空阔悠远结合起来，画面的朦胧，并不影响其幽深。"尔来得名三十春，眼高四海空无人"，方从义可当此评。

中国山水画家不仅重视"飘"，还重视"湿"，湿漉漉的，迷蒙不定，混莽一片。唐代以来，我国山水画以水墨为正宗，水墨之法，是通过水和墨的晕染，来表达特有的质感，水墨画也可以说是水与墨的游戏。杜甫有一句题画诗，叫做"元气淋漓障犹湿"，非常著名，几乎可以说影响了一千多年中国山水画的发展。宋代的一位研究画的专家董广川说："石破天惊，元气淋漓。""元气淋漓"在中国画中成为一种境界，一种气化氤氲的生命呈现。它潇洒磊落，画面多水气重，雾霭浓，有一种鲜活韶秀的生命感。在漫天的迷蒙之中，有回到生命原初之感。

元气淋漓之所以能成为中国画的高格，即与传统哲学的

气化思想有关。在一定程度上，以湿笔渲染的这类图画是模仿天地混沌迷离的特点而创作的，它表现的不是天地中固定的形象，而是虚空流荡的景致。对鉴赏者来说，扑面而来的就是一个"气"字，雨点翻飞，雾霭笼罩，满纸蒸腾，别有滋味。

北宋米芾和米友仁父子的绘画是"元气淋漓"的典范。他们的画被称为"云山墨戏"，别有一种境界，其画多为云山烟树，总是迷离模糊，读他们的画，如同置身鸿蒙初开的世界中，有灵魂震颤之感。二米作画，纸先湿，淡笔轻勾云山之线，见出轮廓，再用清水润出大体，以淡墨染之，以浓墨破之，分出层次，淡去笔痕，画面几无一根线条。

米友仁的《潇湘图奇观》，今藏北京故宫博物院，为云山墨戏。《芥子园画传》评曰："友仁盖变其父之家法，而于烟云奇幻，飘飘缈缈，若有楼阁层层藏形于内，一洗宋人窠臼。"此图富于创格，向左烟云迷幻中露出山顶，似隐若露，又渐渐被厚厚云烟所覆盖；中段云烟中崛起几座山峰，愈左愈高；再向左，烟云渐淡，次第露出树林屋舍，长卷就此打住。云烟山峦起伏跌宕，蔚为潇湘之奇观。虽称墨戏，实具匠心。云烟点点，草草而成，不求形似，唯露性情而已。其画不为笔墨所拘，长天云物，怪怪奇奇，得自然之真趣。一派元气淋漓面目。元人邓文原说小米之画有"氤氲无限意"，这正道出了小米山水元气淋漓的特点。现藏于台北故宫博物院的《云山得意图》，是小米的又一代表作品。此作画云山烟树，用笔不露痕迹，一副烟波苍茫之态。

元高克恭（1248-1310），字彦敬，号房山，师二米之法，以"元气淋漓"而著称于画坛。他善于画云、烟、岚、雾、霭，他的画画春山白云、春云晓霭、雨后烟霏、云峦飞瀑、林峦烟雨等，溪流坡渚，烟树迷离，山峦晦暗，一切都在雾霭迷蒙中。赵孟頫曾和他一起游西湖，对高克恭谈西湖烟雨的体会印象很深，有一诗记其事："疏疏淡淡竹林间，烟雨冥濛见远山。记得西湖新霁后，与公携杖听潺潺。"[1]

他的传世名作《秋山暮霭图》，人以"淋漓元气犹带湿，收拾万象无能逃"评之，此图今藏北京故宫博物院，是他最负盛名之作。画风受董源和二米影响，尤其对二米的气象淋漓风格取资较多，气韵流荡，一气呵成。

其所作《云横秀岭图》，今藏台北故宫博物院，大立轴，图以圆润之笔画高耸山峰，山脚野亭山色，溪流淙淙，小桥逶迤，杂树点点，中段画山岚起伏，云烟蒸腾，使得这一片天地都在云烟吞吐之中，用笔很含蓄，树老石苍，明丽洒落，乃有笔有墨之作。

说到中国山水的气，除了以上所说的"飘"和"湿"之外，还有"浑"，就是气象浑成。"飘"强调其飘动感，"湿"强调淋漓恣肆的生命感，而"浑"则强调生命的整体感。世界是气化流荡的世界，生命之间互相联系，彼此激荡，形成了一个生命之网，所以气象浑成就表现了生命之间彼此交通激荡的态势，这样的画处理得好，就会产生厚的感觉。

北宋的驸马画家王诜评范宽："如面前真列，峰峦浑厚，气状雄逸。"清王原祁说："董巨全体浑沦，元气磅礴。"四王的画其实是以黄公望的"峰峦浑厚，草木华滋"为最高追求。现代画家黄宾虹也以"浑厚华滋"为最高的绘画境界。清代蒙古族画家布颜图说："苍莽者，山之气也；浑厚者，山之体也。画家欲取苍莽浑厚，不外乎墨之气骨。"他将气象浑沦和画的气骨联系起来，这是很有见地的。

中国画为何以气象浑沦为高格？气象浑沦体现了整体的生命美，如董逌所说的"一气浑莽"，一气贯通，气象严整，浑然不可分割，收摄众景，化为一气流荡的世界。中国艺

[1] 《题高彦敬画二轴》之一，《松雪斋文集》卷五。

术强调气象浑沦，其实就是强调生命的整体性，就像庄子所说的"混沌"不可凿破，这不是一个被分割的世界。同时，气象浑沦体现了元气周流贯彻、无所滞碍的生命精神，劲气充周，旁通互贯，从容东西，生命之气流荡于在在有别的山川之中，形成往复回环的生命世界。气象浑沦能反映出一种创化之初的鸿蒙境界，体现出"元气"流淌的内在脉络，故具有真元气象，有一种苍莽的意味。气象浑沦加强了物与物联系的层次感，因而厚而不薄，气象浑沦还能体现出纵逸潇洒的格调，因而恣肆而不局促。

　　五代画家董源是一位以气象浑成为典型特点的画家。其画颇得南宗画空灵淡远的意味，多画南方山水面貌，如其传世名作《龙宿郊民图》，今藏台北故宫博物院，也是董源的生平杰构。皴以大披麻，大开大合，线条秀润，颇得烟峦出没、云烟显晦之趣。董源被推为南宗画的领袖人物之一，其空灵淡远的境界，反映了中国气化哲学的精神。董源的画可以说是气化哲学的衍生物，没有中国的气化哲学，就没有董源的画风。董源非常擅长的"烟景"，所重即在气，将气象浑沦的境界推向新的高度。

黄公望的山水画以气象浑沦称盛。黄公望，号大痴，元四家之一，是元代很有个性的画家，论者以为他的作品价值在倪云林之上。他也是一个有魅力的人。正像他的号一样，他为人的确有些痴，据说他整天意态忽忽，在荒山乱石、丛竹深林中奔跑，有时候突然来了风雨，也全然不顾。常常夜晚一人驾着小舟，顺着山溪而行，独自沐浴着冷月，忽然大哭起来。他在常熟虞山隐居的时候，每到月夜，喜欢携一瓶酒，一人坐在湖桥上，独饮清吟，酒罢，投瓶水中。人以"大痴真是人中豪"评之。他辞世后，人们思念他，有很多关于他的传说，有人说在月夜中看到他吹着横笛，出城关。

王原祁说："大痴画，以平淡天真为主，有时而傅彩粲烂，高华流丽，俨如松雪，所以达其浑厚之意、华滋之气也。"王原祁极重大痴山水峰峦浑厚、草木华滋的特点，一生大量模仿大痴画到了如醉如痴的地步，他在临摹时梦寐希冀的就是大痴气象浑沦的境界美。他认为，大痴画可以神遇而不可目求，他的荒率苍莽之致，平淡天真之趣，都源于内在气脉的特殊处理，都有一团元气在其中激荡，所谓"气运生动，墨飞色化，平淡天真，包含奇趣"。

北宋　王希孟　千里江山图（局部）　51.5×1191.5厘米　北京故宫博物院藏

　　黄公望的《富春山居图》，在画坛有较高的声望，人以
"画中兰亭"来比之。此画入明之后，先后为沈周、董其昌所
得，后归一收藏家吴之矩，他死后又传给其子吴洪裕，吴洪
裕生平喜爱智永的《千字文》和黄公望这幅《富春山居图》，
临死时，嘱家人焚之以祭。他在临死的前一天，亲手将《千
字文》烧掉，后烧《富春山居图》，祭完酒，点着了火，看着
这稀世珍宝在熊熊大火中，他痛哭，当时站在旁边的吴氏之
侄实在不忍此宝就这样烟消云散，冲到火中，抢出此图，此
图当时已经烧成两段。现在世间流传的《富春山居图》就是
个残本，分为两部分，主体部分藏于台北故宫博物院，另一
部分藏于浙江省博物馆，俗称《剩山图》。

元　黄公望　富春山居图　33×680.87厘米

　　据画中题跋称，作者寓居富春山时，有感于这里的山川秀色，整天"云游在外"，画了这幅画。画面上，峰峦起伏，云树苍苍，村落隐映，白帆、小桥以及远处的飞泉历历可辨，境界阔大，气势恢宏。绿水环绕，水断山腰，雾笼峰侧，山竞天而上，欲与天公试比高；水消失于山脚，迢递无尽，与莽莽原畴统为一体；一峰一伏，曲折有致，一山一水，相依相循。整个画面在闲适中透露出勃动，在苍莽中映衬出韶秀，在平淡处见出天真，在沉稳中伏脉龙蛇，气吞万里。线条柔和而有弹性，大开合，有董源之空阔韶秀之态，又多了一种浑成恣肆的意味。

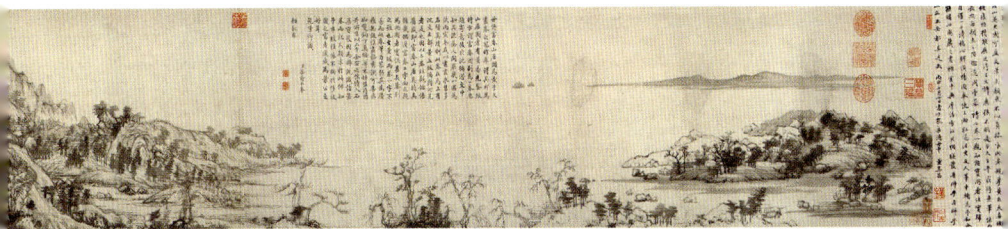

第二版后记

本书自出版至今已逾十年，其间多得读者的帮助。不少读者给我写信，提出珍贵的意见。在网络上，也时而读到读者的留言，对书中一些不当的表述提出中肯的批评。自己每每翻阅这本小书，读到其中的错误，忽觉寒意由背上而起，为辜负读者的信任深感愧疚。我一直想抽出时间来修改本书。

今夏得暇来重新整理此书，基本保持了原书的面貌，纠正了本书初版中的误植，充实了本书的一些内容，改写了部分章节，增加了引用文献的出处，并更换了全书近半以上的图片（这对这本由图说文的小书来说尤为重要）。现在呈现给读者，敬请批评指正。

感谢读者多年来对本书乃至我的研究的支持和帮助；感谢北京大学出版社综合编辑室主任杨书澜老师，没有她的组稿和砥砺，不可能有此书的出现；感谢中华书局的宋志军、马燕二位老师，他们的专业指导和严谨的态度，是本书第二版能顺利出版的关键。

作者记于2015年9月30日